Bernhard von Mutius

Über Lebenskunst in unsicheren Zeiten

Wir übernehmen Verantwortung! Ökologisch und sozial!

- Verzicht auf Plastik: kein Einschweißen der Bücher in Folie
- Nachhaltige Produktion: Verwendung von Papier aus
  nachhaltig bewirtschafteten Wäldern, PEFC-zertifiziert
- Stärkung des Wirtschaftsstandorts Deutschland:
  Herstellung und Druck in Deutschland

BERNHARD VON MUTIUS

Über Lebenskunst
in unsicheren Zeiten

Externe Links wurden bis zum Zeitpunkt der Drucklegung des Buches geprüft.
Auf etwaige Änderungen zu einem späteren Zeitpunkt hat der Verlag keinen Einfluss.
Eine Haftung des Verlags ist daher ausgeschlossen.

Bibliografische Information der Deutschen Nationalbibliothek

Die Deutsche Nationalbibliothek verzeichnet diese Publikation
in der Deutschen Nationalbibliografie; detaillierte bibliografische Daten
sind im Internet über http://dnb.d-nb.de abrufbar.

ISBN 978-3-96739-144-2

Lektorat: Anke Schild, Hamburg
Umschlaggestaltung: Martin Zech Design, Bremen | www.martinzech.de
Autorenfotos: Richard Pichler, Rainer Petek
Grafiken: Matthias Boie
Satz: Das Herstellungsbüro, Hamburg | www.buch-herstellungsbuero.de
Druck und Bindung: Salzland Druck, Staßfurt

Copyright © 2023 GABAL Verlag GmbH, Offenbach

Wir drucken in Deutschland.

www.gabal-verlag.de
www.gabal-magazin.de
www.facebook.com/Gabalbuecher
www.twitter.com/gabalbuecher
www.instagram.com/gabalbuecher

PEFC zertifiziert
Dieses Produkt stammt aus nachhaltig
bewirtschafteten Wäldern und kontrollierten
Quellen.

PEFC
PEFC04-31-2251

www.pefc.de

Inhalt

»Wenn der Brunnen ausgetrocknet ist, erkennen wir den Wert des Wassers.«

Benjamin Franklin

Zum Einstieg: **Was war noch mal der Plan?**

Lebenskunst ist die Kunst, die wir am nötigsten haben, wenn uns nicht danach zumute ist. Dies nur am Rande. Sie ist, wie alle Kunst, etwas, das uns irritiert, berührt und manchmal glücklich stimmt. Für kleine Augenblicke. Wie das Lachen. Wie das Singen. Oder wie das Spielen. Wie das gute Gespräch. Wie das Lieben. Wie das Grün nach dem Winter. Oder wie das Essen mit Freunden. Sie ist natürlich auch all das.

Kann man sie lehren? Ich weiß es nicht. Können wir sie lernen? Davon bin ich überzeugt. Aber nicht auf der Schulbank. Nicht im Hörsaal. Eher zwischendurch. Sie unterbricht Gewohnheiten. Manchmal auch das Unheil.

Lebenskunst ist nicht das Licht am Ende des Tunnels, auf das alle sehnlichst warten. Sie ist das Licht im Tunnel. Das Licht, das wir selbst anzünden, wenn es ziemlich düster ist. Manchmal entsteht daraus eine Erfindung. Eine Beleuchtung oder eine neue Wärmequelle. Manchmal auch einfach nur eine willkommene Pause. Ein heller Augenblick, der Erleichterung bringt. Und niemand weiß, woher.

Denn Lebenskunst lässt sich nicht genau planen. Wer dies versucht, wird sie verlieren, noch ehe sie sich bemerkbar machen kann. Lebenskunst ist das Nichtplanbare, für das wir eine Disposition entwickeln können. Sie ist die Nichtroutine, die wir üben können. Sie ist das Vertrauen, Lösungen und Auswege zu finden, wenn alles versperrt zu sein scheint. Sie ist die Schwester der Freiheit. Sie ist die Geschichte in der Geschichte, mit der etwas anfängt. Sie zeigt sich in dem Moment, wenn gerade alle besonders angestrengt, erschöpft, müde, erregt, zornig oder mutlos sind und jemand sagt: Ich kenne da eine Geschichte.

Es war einer dieser verhangenen Märztage. In einem griechischen Lokal in Potsdam. Ich saß mit einem befreundeten Innovationsforscher zusammen. Mit Martin von der D-School. Wir sprachen über Lernen, Bildung, Kompetenzen, Zukunft. Über die Fähigkeiten, die wir in dieser Zeit brauchen. Die vor allem junge Menschen brauchen, die eine Ausbildung oder ein Studium absolvieren; Fähigkeiten, die ihnen eine lebenswerte Zukunft ermöglichen sollen. Die aber auch ältere brauchen, die weiter lernen wollen, um besser mit den schnellen, oft disruptiven Entwicklungen umgehen zu können. Fachliche Fähigkeiten, naturwissenschaftliche Fähigkeiten, technologische Kompetenzen, Data Literacy. Ebenso soziale Kompetenzen, Kooperationsfähigkeit, Kreativität, die Fähigkeit, agil zu arbeiten, komplex, vernetzt und disruptiv zu denken.

Ja, das war alles richtig und wichtig. Und schnell aufgezählt. Was aber ist mit den Fähigkeiten und Tätigkeiten wie Musik, Literatur, Philosophie, die nicht so relevant für den Arbeitsmarkt sind? Heute könnten wir auch sagen: Streetart, Breakdance, Longboarden auf dem Asphalt. Wir sprachen auch darüber. Sind die auch wichtig? Was ist mit dem Tanzen? Oder mit der Leichtigkeit, mit der »Sprezzatura«, die eine so wichtige Rolle im *Libro del Cortegiano* von Castiglione spielt? Ein Buch aus der späten Renaissance, das einmal so etwas wie ein Standardwerk war, wenn es um Fähigkeiten, Eigenschaften und Tugenden ging, die Frauen und Männer erwerben sollten, die eine Führungsposition in der Gesellschaft übernehmen wollten. War davon noch irgendetwas relevant? Oder vielleicht jetzt gerade wieder? Auf die Frage »Was versuchen Sie als Nächstes?« antwortete Greta Thunberg: »Tanzen vielleicht. Im Winter.« Irgendwann sprachen wir auch über Lebenskunst. (Nicht einfach Überleben, sondern Über-Lebenskunst.) Martin meinte, davon würde er gerne mehr erfahren. In den nächsten Tagen dachte ich darüber nach.

Währenddessen überschlugen sich die Ereignisse. Die Medien meldeten an mehreren Tagen nacheinander die höchsten Sieben-Tage-Inzidenzen seit Beginn der Coronapandemie. Gerade war in Austin die South by Southwest Conference (SXSW 2022) eröffnet worden, die wieder die wichtigsten globalen Trends der Tech-Branche präsentierte. Metaverse, künstliche Intelligenz, die Blockchain-Technologie mit ihren NFTs, die neuesten Streamingdienste. Die Futorologin Amy Webb von der NYU Stern School of Business stellte ihren neuesten *Tech Trends Report* vor. Sie sprach darüber, dass die Gesellschaft es bis 2027 vielleicht schaffen könnte, KI für sinnvolle Zwecke zu nutzen und die permanente Überwachung durch Herzfrequenzmessgeräte zu verhindern. Chance: 20 Prozent.

Kurz zuvor hatte Putin seinen Truppen den Befehl gegeben, in die Ukraine einzumarschieren. Die ersten Bilder des Krieges gingen um die Welt. Natürlich sprachen wir auch über diese verstörenden Nachrichten. Doch wir versuchten, ihnen nicht zu viel Raum in unserem Kopf zu geben. Dabei wussten wir bereits, zumindest vermuteten wir es: Dieser Krieg wird länger dauern. Er wird sehr viel Leid und Zerstörung bringen. Er zerstört Mensch und Natur. Er ist eine große Disruption. Viel mächtiger als alles, was wir uns bislang in unserer Nähe vorstellen konnten.

Die Jahreszeiten kamen und gingen, längst waren in vielen Organisationen Taskforces gebildet worden, um Energiepreise und weitere Lieferengpässe abzufedern, die frühere »Arabian-American Oil Company« war an Apple als wertvollstes Unternehmen der Welt vorbeigezogen, die Inflation war zwischenzeitlich in die Höhe geschnellt. Niemandem war so recht klar, was wohl als Nächstes kommen würde und womit halbwegs vernünftig zu planen wäre. Eine mögliche Rezession? Eine weitere militärische Eskalation? Was passiert gerade irgendwo im südchinesischen Meer? Welche Entwicklung nehmen die sich überlagernden Konflikte – die äußeren und inneren? Wir wissen es nicht.

Viele Menschen waren besorgt, die Verunsicherung war so groß wie die Hitzeperioden der vergangenen Jahre. Chinas Staats- und Parteichef Xi Jinping hatte auf dem letzten Parteitag von »globalen Veränderungen« gesprochen, »wie sie in einem Jahrhundert nicht gesehen worden sind«, und die Delegierten darauf eingeschworen, sich »auf die schlimmsten Fälle vorzubereiten«. Ob er dabei auch den Klimawandel und die kommenden Wetterextreme meinte, war nicht eindeutig herauszuhören.

Und trotzdem Lebenskunst? Oder gerade deswegen? Und wenn ja, wie? Wie könnte das gehen? Was könnte damit gemeint sein?

Vorweg: Nein, ich würde nicht behaupten, dass ich es in der Lebenskunst zu einer besonderen Meisterschaft gebracht hätte. Dazu habe ich zu viele Schläge und zu viel Scheitern erlebt. Ich gehöre nicht zu den Helden, die immer siegen. Die in der Schule nur Einsen schreiben, die stets überzeugt sind, dass ihnen niemand widerstehen kann. Die bei jeder Geldanlage eine sichere Hand beweisen und die immer Bescheid wissen. Oder wussten. Jedenfalls bis vor Kurzem.

Es gibt eine Geschichte über die Kunst des Geigespielens, die ich sehr mag. Auch weil sie eine Geschichte über das Leben und das Lernen ist. Und eine Geschichte, die Armin Müller-Stahl einmal erzählt hat, der ursprünglich Violine und Musikwissenschaft studierte und professioneller Geiger werden wollte. Sein Professor am Berliner Konservatorium brachte ihm bei, besonders auf die rechte Hand zu achten und den Bogen richtig zu gebrauchen. Das hieß für den Geigenprofessor, den ganzen Bogen zu nutzen. Das schärfte er ihm ein. Immer wieder, ganz gleich, ob er Bach oder Brahms spielte. Wahre Musik erfordere den ganzen Bogen.

Eines Tages besuchte Bruno Walter das Konservatorium, einer der größten Dirigenten des 20. Jahrhunderts. Müller-Stahl durfte als Erster vorspielen. Ein wenig aufgeregt und sehr konzentriert, achtete er besonders auf die rechte Hand und den ganzen Bogen. Nach einigen Takten unterbrach Bruno Walter das Spiel und fragte freundlich: »Warum benutzen Sie den ganzen Bogen? Nur das obere Drittel. Versuchen Sie es.« Armin Müller-Stahl versuchte es. Es klang nicht überzeugend. Bis Bruno Walter sagte: »Ohne Druck, leicht, gehaucht. Die Sonate hat ein Geheimnis.«

Ein Geheimnis? Er setzte die Violine ab. Das leuchtete ihm ein. Als er wieder ansetzte, entdeckte er das Stück neu. Und von dem Moment an klang sein Spiel anders. Wie konnte so ein Wunder geschehen?

Es gibt die Lebenskunst des ganzen Bogens. Weitergegeben von Lehrern, die sich ganz sicher sind. Die alles wissen und dir stets erklären, warum der ganze Bogen richtig ist, welches Stück auch immer du spielst.

Und es gibt die Lebenskunst des Neu-Beginnens, des Hinhörens auf das gerade zu Spielende. Die Kunst, das Leben als Geheimnis wahrzunehmen. Nur von dieser Lebenskunst kann ich sprechen und will ich sprechen.

Es ist eine Kunst jenseits der eindeutigen Gewissheiten. In einer Zeit schwindender Gewissheiten. Sie stellt sich und die Lehrmeinungen infrage. Sie sagt: Erst wenn wir zugeben, nicht mehr weiterzuwissen, finden wir vielleicht weiter.

Diese Lebenskunst entsteht nicht, wenn draußen die Sonne scheint, wenn alles reibungslos läuft und alle brav mitlaufen. Sie hat mehr mit Disruption zu tun als mit Konvention.

Sie entsteht in den Hinterhöfen und Kellern des ordentlichen Lebens. Manchmal im Spiel. Sie behauptet sich abseits der gebahnten Wege, im Wildwasser, im Gebirge, nicht in Klassenzimmern oder im Rampenlicht.

Sie ist der Blues, der vom unvorstellbar großen Leid weiß, auch wenn er leicht und elegant daherkommt. Sie ist Billie Holiday, Ella Fitzgerald, Sarah Vaughan.
Sie ist die Synkope, die Improvisation, die Abweichung, nicht der Schlager, der ständig wiederholt wird.

Sie ist nicht laut. Sie drängt sich nicht vor. Sie ersetzt nicht die grundlegende Versorgung mit dem Lebensnotwendigen, die Lebensrettung, die Hilfsbereitschaft oder die Solidarität. Sie tritt hinter alledem zurück.

Sie wirkt eher im Verborgenen. Im Innern. Sie sagt Ja zum Leben. Trotz alledem. Und zwar zu unserem eigenen Leben.

Sie ist voller Hochachtung für die Regel. Sie sagt: Kenne die Regel. Erforsche sie. Verstehe sie. Lerne sie. Und erkenne die kleinen Momente, in denen etwas Neues entsteht, eine Abzweigung, eine Abweichung. Sei bereit für die Abweichung. Sie birgt ein Geheimnis, das du entdecken kannst. Du kannst alles noch so gut planen. Wenn du nicht offen bist für das Geheimnis, bleibst du ein Zögling, ein Nachahmer dein Leben lang. Und wenn dich etwas Überraschendes trifft, wirst du unangemessen, manchmal zu starr, manchmal zu emotional, dann überreizt, zunehmend erschöpft und irgendwann überfordert reagieren. Gerade in Zeiten großer Disruption.

Disruptionen sind nicht harmlos. Sie sind massive Störungen unserer normalen Welt.
Sie haben die Eigenschaft, dass wir sie uns trotz vieler wissenschaftlicher Forschungen und praxisorientierten Ratgeber vorher nicht haben vorstellen können. Wir hatten keine Ahnung, was passiert, wenn sie auftreten.

Der Krieg ist die größte anzunehmende Disruption. Auf kurze Sicht. Er wetteifert mit der Klimakatastrophe um diesen Platz, die langfristig vermutlich noch um einiges zerstörerischer wirken wird. Im Unterschied zu ihr lässt er sich überhaupt nicht berechnen. Wir können weder seinen Verlauf noch seine verheerenden Auswirkungen kalkulieren. Er ist ein Chamäleon, wie Carl von Clausewitz sagte, ein Monstrum, das keinen Bereich verschont. Und keinen Menschen, mag er auch noch so fokussiert und innerlich abgehärtet sein, unberührt lässt. Er hinterlässt Spuren. Auch wenn die Menschen nach Jahren wieder auf ihn zurückschauen.

Manche krisenhaften Ereignisse der letzten Zeit haben zunächst nichts mit unserem Leben in der Familie, in Vereinen oder mit Freunden, nichts mit Märkten oder Business zu tun. Da passiert etwas, das scheint anfangs ganz weit weg. Geografisch, emotional, gesellschaftlich. Gleichwohl mit Auswirkungen für alle Systeme, Institutionen, Unternehmen. Und vor allem für die Menschen. Für jeden von uns.

Manchmal trifft uns das bekannte Wort: »Life is what happens to you while you're busy making other plans.« Aber nun trifft es uns anders, unvermittelt, hart, brutal. In einer Weise, die alles auf den Kopf stellt. Jetzt spüren wir, was wir vorher nicht wahrnehmen wollten: Das Leid, die Schmerzen und die Not gehören zum Leben. Auch wenn wir das alles nicht geplant hatten. Es kommt irgendwie gerade vieles anders.

Die Kunst des Lebens wäre keine, wenn sie dies ausklammerte. Vielmehr: Es ist gerade ein Kennzeichen dieser Kunst, dass sie uns hilft, sich damit auseinanderzusetzen. Auch wenn sie nicht immer eingreifen möchte. So wie die Kunst selbst und die Künstler, sofern sie nicht nur billige Clips und Sonnenuntergänge verkaufen wollen.

In Zeiten existenzieller Krisen habe ich manchmal intuitiv zu kleineren Schriften oder Briefen von Hermann Hesse gegriffen. Hesse hat über 35 000 Briefe geschrieben. Meistens Antwortbriefe an wildfremde Menschen, die ihn um einen Rat gebeten hatten. Ich spürte, dass hier jemand gerade selbst durch eine Krise gegangen war. Dass in dieser Krise Weltbilder zusammengebrochen waren. Zum Beispiel bei Ausbruch des Ersten Weltkriegs 1914. Oder nach dem Einmarsch der deutschen Truppen in Polen 1939.

Hermann Hesse konnte so vielen Menschen in der ganzen Welt etwas mitgeben, weil er es selbst erlebt hatte. Das ist etwas, das mich bis heute immer wieder beschäftigt: Nur wer selbst tief empfunden oder gelitten hat, wird anderen eine Hilfe sein und einen guten Rat für das Leben geben können. Sofern man das überhaupt kann. Das hat sicher mit dem zu tun, was ich eingangs sagte.

Wenn jemand nach dem Ende seines Psychologiestudiums Seminare für Resilienz und Leadership anbietet, kann ich das respektieren. Aber ich würde eine Trainerin oder einen Coach vorziehen, die bzw. der selbst schon ein paarmal tüchtig gescheitert, richtig auf die Nase gefallen ist.

Und wenn ich an Hermann Hesse denke: Manchmal hat es mir in meinem Leben geholfen, seine farbenfrohen Bilder anzuschauen. Oder, von ihm angeregt, selbst wieder zum Malblock und zum Pinsel zu greifen. Dabei rauszugehen aus den eigenen vier Wänden. Mit einem Rucksack und einem Klappstuhl, den man überall leicht aufklappen, mit dem man irgendwo in der Landschaft leicht beginnen kann. Zumindest innerlich. Oder gar nichts mitnehmen, einfach anfangen, neu zu sehen.

Deshalb auch geht es in diesem Buch um Lebenskunst. Nicht um Lebensplanung oder Lebensversicherung. Auch nicht um Überlebenstechniken in der Wildnis, auf der Flucht. Nicht um körperliches Ausdauertraining oder um Kampfsport. Aber natürlich um Bewegung. Um körperliche und geistige. Beide sind ungemein wichtig. Sie helfen uns, nicht nur zu überleben, sondern zu leben. Bewegung macht beweglich, wie die Trainer und Lebensmutmacher Beatrice und Martin Lieb es mal genannt haben.

Ja, Mut. Zunächst ist alles Mut, Wagnis, Anfangen. Das ist das Entscheidende. Das ist oft die Kunst in der Kunst. Doch zugleich ist alles Balance, rechtes Maß, innere Harmonie. Das spüren wir nach einer Weile. Leider oft erst dann, wenn wir zu lange einseitig tätig waren oder gelebt haben. Dann gilt es, wieder ins Gleichgewicht zu kommen. Auch das kann eine Kunst sein.

Es geht überhaupt oft um Balance: den eigenen Weg der Entfaltung finden, sich selbst finden. Zugleich die eigene Rolle in der Gemeinschaft und Gesellschaft finden. Sich an die Regeln dieser Gesellschaft und an die Erfordernisse ihrer Veränderung anpassen und zugleich sich nicht anpassen, sondern den Eigensinn stärken.

Das gehört zu den Paradoxien der Lebenskunst.

- Sie ist die lebensbejahende, freundliche Seite eines realistischen, aufgeklärten Denkens dieser Zeit.
- Sie ist die Tugend, die aus der Not eine macht. Immer wieder.
- Sie ist die Kunst, in schwierigen Zeiten Leichtigkeit zu vermitteln. Von innen nach außen.
- Sie glaubt an einen Sinn, an ein »Warum« und ein »Wozu« jenseits des bloßen Funktionierens. Und sie glaubt, dass dieser nur individuell gefunden werden kann.
- Sie glaubt daran, dass Nachhaltigkeit ein Lebensprinzip ist, das verbindet. Dich und den anderen. Den guten Augenblick jetzt und mögliche gute Augenblicke morgen und übermorgen.

Darüber möchte ich sprechen.

Ich möchte meine Beobachtungen und Erfahrungen teilen. Meine sehr persönlichen, manchmal privaten. Dies ist vielleicht mein bisher persönlichstes Buch. Zugleich ist es eine Erkundung eines vielschichtigen Geländes. Mit einer komplexen Geschichte.

Ich möchte die Leserin und den Leser auf eine Erkundungstour einladen. Dabei werde ich über sieben Wege sprechen. Und über ein paar Voraussetzungen, Basics, Grundhaltungen, die uns helfen, die Wege zu meistern. Alte und neue Paradigmen. Everything is just for a while.

Wir werden von innen nach außen vorgehen. Beginnend mit den privaten Wegen, mit der individuellen Entwicklung. Darauf aufbauend Wege des beruflichen, öffentlichen Wirkens, der Gestaltung, des Bauens, des Brückenbauens, der Umwandlung von Energien. Was ich für wesentliche Aspekte der Lebenskunst halte.

Das Gelände, das wir durchstreifen, ist ebenso wie das Thema nicht durch exakte wissenschaftliche Feldeinteilungen markiert. Unterscheidungen werden wir während der Untersuchung des Geländes treffen. Beim gemeinsamen Herausfinden im Gespräch. Mit Bezug auf manches, was schon vorgedacht wurde. Gelegentliche Tiefenbohrungen werden nötig sein. Vor allem wird es wie bei Innovationen auf achtsame Grenzüberschreitungen und Kombinationen ankommen.

In erster Annäherung will ich zur vorläufigen, ungefähren Kennzeichnung des Geländes ein Quadrat skizzieren. Ich nenne es das magische Viereck der Lebenskunst. Mit diesen Eckpunkten:

Der Lebensmut. Den brauchen wir, um etwas zu wagen, zu riskieren. Ohne vorher zu wissen, ob es gelingt. Gerade wenn die Lage nicht so gemütlich ist. Wir setzen einfach den ersten Schritt ins Ungewisse. Wir zaudern nicht.

Der Lebenssinn. Das ist das, was uns tief im Innern bewegt, also motiviert und manchmal dauerhaft trägt. Gerade wenn die Strapazen sehr groß werden. Dies hat etwas mit Geduld, mit Zähigkeit und mit recht verstandener Nachhaltigkeit zu tun.

Die Disziplin und Kunst, Brücken zu bauen. In der beruflichen Arbeit, in der unternehmerischen Gestaltung, im öffentlichen Raum. Verknüpft mit der Fähigkeit zur Kooperation und zum Zuhören. So entdecken wir den Kern von Nachhaltigkeit.

Das Anfangen. Der letzte Teil verbindet das Ende mit dem Anfang. Mit ganz einfachen, freundlichen Schritten im Alltag. Was jeder von uns tun kann. Oder schon längst tut.

Denn natürlich dreht sich bei uns vieles, manchmal fast alles um die Bewältigung des Alltages. Gerade in dieser Zeit. Um Gewohnheiten, um wiederholbare Prozesse, um oft technologiegestützte Routinen, um tradierte Arbeitsweisen und neue flexible Arbeitsformen. Im Homeoffice oder am normalen Arbeitsplatz, allein oder im Team. Dabei haben die genannten Eckpunkte einen wesentlichen Einfluss darauf, wie wir diesen Alltag, wie wir unser Leben und die beruflichen Anforderungen meistern, wenn die neue Normalität, die längst zu einer Nichtnormalität geworden ist, in gehäufter Form auftritt. Mit welcher Grundhaltung, mit welcher Einstellung und mit welchen Vorstellungen. Sie beeinflussen das, was wir manchmal Mindset nennen, manchmal auch Culture. Sie haben eine große Sogwirkung. Sie können Orientierung und Halt bieten. Nicht immer, aber sehr oft. Gerade wenn die Welt um uns herum so brüchig und unsicher geworden ist, dass der Ausdruck VUCA fast schon ein wenig harmlos anmutet.

Das heißt auch: Wir können nicht sagen, ob manches Ereignis, über das wir jetzt sprechen, möglicherweise in naher Zukunft von den Entwicklungen überholt wird. Es geht uns heute oft wie den Fischern, die nicht mehr sicher sein können, ob der See, auf den sie blicken und auf den schon ihre Väter und Großväter hinausgefahren sind, morgen noch existieren wird. Oder es ergeht uns wie den Anwohnern eines alten Industriegebiets, die erleben, wie immer mehr neue Leute beginnen, das gesamte Areal mit ihren praktischen Ideen, Innovationslaboren und Projekten mit neuer Energie zu beleben und zu verwandeln.

Lebenskunst ist die Überzeugung und die Fähigkeit, den Augenblick zu nutzen. Und daraus etwas zu machen, was vorher nicht denkbar war. Aus wenig mehr zu machen. Etwas gut zu machen, auch wenn das gar nicht gefordert ist. Dies ist der schöpferische Moment. In unternehmerischer Sprache die Opportunity. Manchmal das Momentum. Es ist das Aufforsten nach den Stürmen. Oder in den Stürmen. Es ist die innere Haltung der Resilienz. Es ist die Liebe oder die liebevolle Zuneigung, wie die polnische Literaturnobelpreisträgerin Olga Tokarczuk sagt. Es ist die Lebensfreude, der Eigensinn, der Widerspruchsgeist, die Freundlichkeit.

Während ich das schreibe, gehen mir Bilder durch den Kopf. Sie illustrieren die Spannweite der Lebenskunst. Auch die Widersprüche. Sie finden sich wieder in allen Etappen der vor uns liegenden Erkundungsreise. Von manchen Aspekten habe ich erst in den letzten Wochen und Monaten erfahren. Als ich in Gesprächen mit Freunden und in Begegnungen mit Fremden vieles noch einmal neu sehen lernte.

Lebenskunst ist wie Freestyle im Windkanal.
Die Flieger sagen sich: Du überwindest deine Angst. Du trainierst ohne Unterlass. Du nutzt Forschung und Wissenschaft. Du wagst neue Choreografien. Du erlebst Blockaden. Du beginnst zu zweifeln. Irgendwann kommt jemand und sagt:»Lass dich vom Wind tragen. Du bist schön, wenn du fliegst.« So die französische Freestylerin Laurie Lubbe.

Leben ist nicht fliegen.
Schon gar nicht hoch. Da ist über weite Strecken nichts als grauer Alltag. Da musst du durch. Durch dich selbst. Du bist nun»Brachland«, wie Marco von Münchhausen es einmal genannt hat. Manchmal genügt es,»mit kleiner Energie zu leben«, wie die Atemtherapeutin Angelika, meine Schwester, dazu sagt. Das ist auch eine Kunst.

Lebenskunst ist transformativ.
Sie wandelt Energien um. Sie versorgt uns mit erneuerbaren immateriellen Energien. Und sie erzeugt sie. Manchmal. Wie die Fotosynthese in der Natur. Oder wie die Fotovoltaik plus Brennstoffzelle in unseren Häusern, Büros, Fabriken und Kommunen der nahen Zukunft. Wenn wir denn wirklich autark sein wollen. Wenn wir anfangen wollen mit dem Erneuern. Wir sparen nicht nur etwas ein, sondern es wächst etwas. Wir schaffen etwas gemeinsam.

»Never Gonna Give You Up«, heißt es in einem alten Song, der auf geheimnisvolle Weise wieder überall präsent ist, ein Scherz im Internet, eigentlich ein Zitat von Churchill, das manchen in dieser Zeit wie eine persönliche Botschaft erscheint. Warum eigentlich nicht?

Starten wir. In vier Etappen.

Erster Teil: Habe Mut!

Lektionen. Kellerdisziplinen und ordentliche Fächer. Prinzipien.
Paradigmenwechsel. Wenn Pläne nicht mehr funktionieren.
Grundhaltungen und Quellen der Lebenskunst. Der innere Magnet.

Zweiter Teil: Finde Sinn!

Sich selbst entwickeln.
Weg 1: Ja zum Leben. Trotz alledem. Die Kraft der Vorstellung.
Die Enttäuschung und die Fähigkeit, sich neu zu erfinden.
Weg 2: Sinn. Und Eigensinn. Finde dein Metier. Kreativität zulassen.
Ungewissheit und Balance.
Weg 3: Leichtigkeit. Sprezzatura als Lebenshaltung.
Der leere Raum und das »Third-Box-Thinking«.

Dritter Teil: Baue Brücken! Verwandle Energien!

Selbst machen. Unternehmerisch. Gemeinschaftlich. Gestalten.
Weg 4: Energien verwandeln. Nachhaltig zirkulär.
Weg 5: Brücken bauen. Zuhörend und kooperativ.
Weg 6: Gestalten. Schön einfach.

Vierter Teil: Fange an!

Weg 7: Mit Freundlichkeit und kleinen Dingen. Ins Gelingen verliebt sein.
Alltägliche Gelegenheiten in der Praxis.

Schreibweisen
Aus Gründen der besseren Lesbarkeit habe ich in der Regel das generische
Maskulinum verwendet. Beispielsweise »der Realist«. Ich meine aber immer
und durchgehend alle Geschlechter im Sinne der Gleichbehandlung. Die ver-
kürzte Sprachform hat ausschließlich redaktionelle Gründe. Ab und an habe
ich situativ die Schreibweise geändert. Meine Sympathie gilt dem Gedanken
der Vielfalt unterschiedlicher Geschlechter, Kulturen und Meinungen.

*Lektionen. Kellerdisziplinen und
ordentliche Fächer.*

*Prinzipien. Paradigmenwechsel.
Wenn Pläne nicht mehr funktionieren.*

*Grundhaltungen und Quellen der
Lebenskunst. Der innere Magnet.*

Erster Teil

HABE
MUT!

>»I have never tried that before –
so I think I should definitely
be able to do it.«

Pippi Langstrumpf

Es gibt eine Szene in dem Film *Mona Lisas Lächeln* mit Julia Roberts. Sie spielt die angehende Kunstlehrerin Katherine Watson. Ihre erste Vorlesung am Wellesley College wird für sie gleich zu ihrer ersten Lehrstunde. Die Studentinnen geben auf alle ihre Fragen wie aus der Pistole geschossen Antwort. Als hätten sie sich vorher abgesprochen, es der neuen Dozentin zu zeigen. Mit einem triumphierenden, schnippischen, teilweise eiskalten Lächeln. Sie haben sich gut vorbereitet. Sie kennen die Fragen und Antworten des Lehrbuches auswendig. Und mit jeder ihrer Antworten sinkt die Lehrerin mehr in sich zusammen. Alles scheint vergebens. Ihr Plan ist nicht aufgegangen. Sie fühlt sich niedergeschlagen.

In der nächsten Vorlesung dreht sie die Dinge. Sie stellt Fragen zu einem Kunstwerk, das kaum jemand kennt. Und Fragen zur Kunst und zum Leben, die in keinem Lehrbuch vermerkt sind. Sie setzt sich nach hinten ins Auditorium und lässt den jungen Damen den Vortritt. Sie können nun über Fragen nachdenken, darüber miteinander sprechen, selbst Fragen stellen. Wenn sie es wollen. Wenn nicht, können sie es auch bleiben lassen. Zumindest einige der Studentinnen spüren auf einmal, welche Kraft die Kunst, das Fragen und das Miteinander-ins-Gespräch-Kommen haben können. Hat nicht manches mit ihrem eigenen Leben zu tun? Hat es nicht mit ihrer eigenen Sehweise zu tun? Mit der Bereitschaft, die Kunst und sich selbst noch einmal neu anzusehen?

Kunst kann verändern. Manchmal. Zumindest konnte sie es. Nicht geplant. Nicht groß. Nicht gesellschaftlich. Viel zufälliger, beiläufiger, kleiner.

Kellerkinder

Eines der ersten Male, als ich dies halb bewusst, halb unbewusst erfahren habe, war in meiner Bonner Schulzeit. Im staatlichen Beethoven-Gymnasium gab es einen Lehrer, der anders war als die anderen. Und der aus irgendwelchen Gründen eine gewisse Narrenfreiheit genoss. Es war der Kunstlehrer Günther Scholl, der sich im Keller des Schulgebäudes ein kleines eigenes Reich erschaffen hatte. Wenn Kunstunterricht war, verließen wir die normalen Klassenzimmer in der »Oberstadt« und wurden zu Kellerkindern. Hier unten war wirklich alles ganz anders. Gab es eben noch oben ein strenges Reglement mit klaren, peniblen, blitzsauberen Vorschriften, was die Schüler zu tun hatten und was nicht, war auf einmal das Gegenteil der Fall. Günther Scholl, der ein paar Jahr zuvor noch mit Günter Grass gejazzt hatte und mit Joseph Beuys befreundet war (der später den Kunstkeller von Scholl die »Organ-Station« taufte), gab uns die Freiheit, zu malen oder zu gestalten, was und wie wir wollten. Oft wurde dabei eine Geschichte vorgelesen. Oder eine Platte aufgelegt. Günther Scholl im Rollkragenpullover, eine Zigarette, eine Roth-Händle im Mundwinkel, spielte manchmal auch selbst auf dem Banjo.

Einige Mitschüler, die eben noch eifrig und pflichtbewusst dem Unterricht gefolgt waren, fühlten sich nun irgendwie komisch, wussten nicht so recht, was sie mit sich selbst anfangen sollten. Für mich waren diese Stunden da unten Momente der Irritation, der Konzentration und der Befreiung. Ich empfand das wie Philosophie. Oder wie Sport. Ich begann zu malen, fing an, neu zu sehen, und lernte verschiedene Techniken kennen. Irgendwann wagte ich es, die Gestaltung der Schülerzeitung zu übernehmen, und versuchte mich dabei in unterschiedlichen Spielarten: modernes Zeitschriftendesign, surreale Zeichnungen, Gedichte und Collagen – oder was ich dafür hielt. Günther Scholl war dabei ein genauer und strenger Lehrer. Er ließ vieles nicht durchgehen, regte mich an, etwas auszuprobieren, und brachte mir sehr viel bei. Darunter die ersten Schritte in einem ganz anderen Fach: der Pantomime. Das verzauberte mich. Ich bekam die Möglichkeit, meine Gedanken und Gefühle, mein Erstaunen und meine Zweifel auszudrücken, ohne sie in Worte fassen zu müssen. Ich hatte natürlich Marcel Marceau gesehen, den Film *Der Tramp* von Charlie Chaplin und vor allem meinen Lieblingsfilm: *Kinder des Olymp*. Das war »poetische Wahrheit«, wie Michael Köhlmeier es in seinem Roman *Zwei Herren am Strand* genannt hat,

Friedrich Schiller zitierend. Doch das alles wusste ich damals nicht. Ich hatte davon keine Ahnung. Oder doch: Ich hatte eine Ahnung. Einige Ahnungen.

Roboter und Ingenieur

Irgendwann habe ich mich getraut, mit einer eigenen Pantomime aufzutreten. Ich weiß nicht mehr, wie oft mir dabei Günther Scholl geholfen hat. Aber nun stand ich allein da oben. Auf der Bühne in der Aula des Beethoven-Gymnasiums. Es wurde ein Erfolg. Ich war ein wenig stolz. Der Bonner *General-Anzeiger* brachte ein Foto und einen Artikel mit der Überschrift »Auf den Spuren von Marcel Marceau«. Das ist nicht der Rede wert. Ich erzähle die Geschichte aus einem anderen Grund – wegen der Ahnung, die ich damals hatte: Die kleine Pantomime, die ich mir ausgedacht hatte, trug den Titel »Der Roboter und der Ingenieur«.

Der Ingenieur brachte dem Roboter vieles bei: Bewegungen, Sinnesregungen, Emotionen, Gedanken, Wissen. Sehr viel Wissen. Nur eines gelang ihm nicht. Was war das? Darüber später mehr.

Fragen

Es war klar, dass die Erfahrungen im Keller für mich ebenso wichtig waren wie die im normalen Lehrgebäude und in den »ordentlichen« Fächern. Auch wenn ich noch nicht wusste, was diese Kombination zu bedeuten hatte.

Was konnte daraus werden? Was würde daraus werden? War das ein Muster für Späteres? Würde das tragen?
Waren in diesen Erfahrungen Lebensprinzipien verborgen, die ich erst später verstehen würde? Etwa das Prinzip, aus Routinen auszubrechen, nicht einem vorgegebenen Plan zu folgen, sondern divers zu denken, die Seiten und Perspektiven wechseln zu können?

Zum Beispiel als ich viel später begann, eine etwas ungewöhnliche Zukunftsakademie zu konzipieren. Auf der Schweizer Seite des Bodensees. In denen Führungskräfte disziplinübergreifend Komplexität und Vernetzung besser verstehen und einüben konnten. Zusammen mit hervorragenden Forschern, Experten und Coaches aus verschiedenen Fächern. Eine einwöchige Entdeckungsreise von der Mathematik bis zur Musik, von der theoretischen Physik bis zur praktischen, bildhaften Kommunikation. »Hirngerecht«, hätte Vera F. Birkenbihl wohl dazu gesagt, wenn sie es noch erlebt hätte.

Ich bin wieder darauf gestoßen, als ich vor Kurzem ein Interview mit Simone Menne las. In dem sie erzählte, wie wichtig das Ausbrechen aus den Planungsroutinen für sie in ihrer Karriere war. Etwa als sie als junge Managerin nach Lagos beordert wurde. Und dort sehr viel über Kreativität lernen konnte. »Ich musste einerseits Diesel für den Generator besorgen und Kerosin einkaufen, andererseits traf ich Minister und den Präsidenten. Es macht einen selbstbewusst und agil, wenn man komplexe, aber auch praktische Sachen pragmatisch regeln muss.« Und auf die Frage, ob sie dort das Improvisieren gelernt habe, antwortete sie: Nein. Das habe sie bereits in der Schule gelernt. So habe sie beispielsweise im Lateinunterricht ihre guten Vokabelkenntnisse versucht zu ergänzen mit improvisierten Geschichten über Zusammenhänge und mit einem bildhaften Verstehen der Grammatik, die ihr eigentlich nicht so sehr lag.
Deshalb habe sie auch später in ihrer Arbeit als Managerin immer mit Mindmaps gearbeitet. Das war mir sofort aufgefallen. Sie war gemeinsam mit Bettina Volkens eine der beiden Vorständinnen im Lufthansa-Konzern. Beide gehörten in diesem Gremium sicher zu den Kreativeren. Mit einem offenen Sinn für neue, ungewohnte Methoden der Veränderung, wie ich in mehreren Workshops in Seeheim erfahren konnte, die ich für die Vorstände entwickelte.

Aufbauende Prinzipien

Irgendwann habe ich das Buch von Stephen R. Covey in die Hand bekommen. *Die 7 Wege zur Effektivität*. Es hat mich sehr beeindruckt. Wie viele andere auch.

Beeindruckt haben mich insbesondere die von ihm formulierten Prinzipien, die überall gültig sind und einem wirklich effektiven Handeln zugrunde liegen. Ich kann ihnen beinahe zu hundert Prozent folgen. Und ich tue es auch. Hier in diesem Buch. Dazu gehört vor allem dieses:
»Von innen nach außen!«

Nur so lässt sich Lebenskunst verstehen: Zuerst kommt die innere Entwicklung, dann die äußere, das Wirken nach außen, die Performance. Natürlich im Wechselspiel. Nicht als Schema, sondern als Entwicklung. Zuerst kommt unser eigenes, privates Leben. Das, was uns im Innern bewegt, kreativ werden lässt, schöpferisch nach neuen Lösungen suchen lässt. Daran anschließend gehen wir weiter zu unserem beruflichen und öffentlichen Leben. Und fragen, wie Lebenskunst hier gestaltend und vielleicht nachhaltig wirksam sein kann. Genauso werden wir in den folgenden Etappen vorgehen.

Ich folge Stephen Covey darin, dass es ein Irrweg ist, die eigene Außenwirkung zu manipulieren. Mit irgendwelchen Techniken oder Patentlösungen, die dir schnellen Erfolg versprechen. Er nennt diese Außenlenkung »Persönlichkeits-Ethik«. Heute würden wir dazu wohl eher »Performance-Ethik« sagen. Oder »Image-Ethik«. Im Unterschied dazu plädiert er für eine »Charakter-Ethik«, die auf Integrität, Ehrlichkeit, Geduld baut. Die Vertrauen erzeugt und effektive Kooperation ermöglicht.

Das alles sind Prinzipien und Paradigmen, die der Lebenskunst ebenso zugrunde liegen wie der Effektivität.

Es sind sehr alte Prinzipien, die Covey nicht erfunden, sondern vorgefunden, gesammelt und verdichtet hat, wie er selbst sagt. Sie gehen auf große Psychologen und Philosophen, auf Dichter und Weise vieler Jahrhunderte zurück.

Die Frage, die sich heute stellt: Wie kann uns Lebenskunst dabei helfen, kreativ wirksam zu sein, mit Ungewissheit und Disruptionen besser umzugehen? Zugleich innovativ und nachhaltig? In unseren Organisationen? In der Gesellschaft, im Umgang mit der Natur? Und ganz privat? Im Umgang mit uns selbst?

Was darüber schon jetzt gesagt werden kann, schließt auch an Stephen Covey an. Aber mit einer anderen Gewichtung, mit einem stärkeren Akzent auf dem Ungewissen, Überraschenden, Nichtplanbaren unseres Seins und Wirkens. Ich möchte es die erweiterte Effektivität oder agile Effektivität nennen. Mit einer transformativen Qualität. Aber ohne jegliche Gewähr. Sie kann nicht versprechen, was kommt. Sie kann nur versprechen, dass sie alles dafür gibt, dass es gut wird. Sie sagt: Tun wir mal so, als ob.

Sie weiß, dass es Situationen gibt, in denen wir unter großem Druck stehen. In denen vieles gleichzeitig auf uns einstürzt. In denen wir das Gefühl haben, überall wankt der Boden. In denen wir in Not oder gar in großer Gefahr sind. Da geht es scheinbar nur darum, wieder Halt zu finden. Da suchen wir nach Ordnung. Da geht Sicherheit vor. Da klammern wir uns an alles Greifbare auf der Ordnungsseite. Manchmal übersehen wir dabei etwas.

Eine Zen-Geschichte

Ein Mann begegnete auf seinem Weg einem Tiger. Er floh, der Tiger verfolgte ihn. Als er an einen Abgrund kam, suchte er Halt an der Wurzel einer wilden Weinrebe und schwang sich über den Rand. Von oben fauchte der Tiger nach ihm. Voller Angst blickte der Mann hinunter und sah am Fuße der Klippe einen zweiten Tiger, der darauf wartete, dass er ihn fressen konnte. Zu allem Überdruss entdeckte er plötzlich eine Maus, die begann, an der Weinranke zu nagen. In diesem Augenblick erblickte der Mann eine saftige Beere nahebei. Mit der einen Hand hielt er sich an der Ranke fest, mit der anderen pflückte er die Beere. Wie köstlich sie schmeckte!

Ambidextrie als Lebensprinzip

In den vergangenen Jahren hat in vielen Unternehmen der Begriff »Ambidextrie« die Runde gemacht. Was so viel heißt wie: Beidhändigkeit. Eigentlich: zwei rechte Hände haben.

Thomas Kaeser, der Chef der Kaeser Kompressoren SE, hat das einmal sehr schön mit einer Skizze illustriert, die er gleichzeitig mit beiden Händen auf ein Flipchart zeichnete. Versuchen Sie es mal. Beidhändig gut zeichnen können nur wenige.

Es hat sich eingebürgert, mit »Ambidextrie« zwei verschiedene Modi des Arbeitens zu kennzeichnen. Der Modus der effizienten Routinetätigkeit. Und der Modus der agilen, kreativen Neulanderkundung. Aber vielleicht gibt es auch zwei Modi des Lebens? Die wir beide brauchen?

Ich bin überzeugt, Ambidextrie ist ein Lebensprinzip. Und sie ist ein Schlüssel zur Lebenskunst.

Das Prinzip der Ambidextrie besagt: Lass dir nicht einreden, du bräuchtest nur eine Seite des Lebens. Du brauchst beide. Nicht unbedingt gleichzeitig, aber gleichwertig. So solltest du sie achten.

Hier die Gewohnheiten, die Wiederholungen, das Lernen und Auswendiglernen von Wissen. Das Anwenden von Erkenntnissen, die schon einmal gedacht, von anderen vorgedacht wurden. Erfinde nicht alles neu, was kluge Leute vor dir schon einmal entdeckt und erlebt haben. Die meisten Dinge im Leben sind nicht so prickelnd wie das erste Rendezvous. Sie bestehen aus der Einsicht in alltägliche Notwendigkeiten. Sie sind Workouts, Trainings deiner Muskulatur plus Ernährung nach einem genauen Plan. Wenn du dich daran hältst, wirst du länger durchhalten.

Dort der Bruch mit den Gewohnheiten, das Ausbrechen aus den Schablonen, das Eintauchen in fremde Welten, das Spüren deiner Sinne, das Schwänzen des normalen Unterrichts, das (Sich-)Freimachen. Für einen Augenblick. Dazu gehört: das Anfangen, etwas möglicherweise Verrücktes anstellen. Was so viel heißt wie: Verrücke die gewohnte Ordnung. Lass etwas mit dir geschehen, was du nicht geplant hast. Was dir und anderen Freude macht.

Ein polares Prinzip

Wir sind sehr froh, dass wir Routinen haben, die funktionieren. Und wir sind sehr froh, dass es Menschen gibt, die etwas Neues ausprobieren.

Wenn wir auf dem Operationstisch liegen, wollen wir nicht, dass das Operationsteam gerade das erste Mal etwas ganz Neues ausprobiert. Aber wenn wir wieder bei Sinnen sind, hoffen wir, dass die Spezialisten im Team in den vergangenen Jahren einiges ausprobiert haben und nicht auf dem Stand von vorgestern stehen geblieben sind.

Tatsächlich bin ich der Überzeugung, dass das Leben jedem von uns die Aufgabe stellt, die richtige Mischung für sich selbst zu finden. Dem eigenen Metier, den eigenen Neigungen und Fähigkeiten entsprechend. Und das immer wieder neu auszutarieren, der Situation gemäß, die uns immer wieder mit neuen Problemen konfrontiert. Manchmal mit kaum zu bewältigenden oder mit vorher überhaupt nicht bedachten Lösungsansätzen. Die wir vielleicht erst in dieser Situation entdecken. Leben als Problemlösen, wie Popper einmal sagte.

Ambidextrie als Lebensprinzip heißt, in Spannungsfeldern und Polen denken zu können. Und die Spannungsfelder im Wechselspiel fruchtbar zu machen. In manchen Fällen situativ mit beiden Seiten spielen zu können.

Das ist eigentlich ebenfalls ein sehr altes Prinzip, das zum Beispiel Goethe immer wieder beschäftigte und seine ganze Denkweise geprägt hat. Nennen wir es das polare Prinzip. Heute ist es teilweise auch in die populäre Psychologie eingedrungen. Wenn die Autorin Stefanie Stahl über Beziehungsängste oder die Verarbeitung von Kindheitserlebnissen redet, spricht sie über polare Prinzipien. Zum Beispiel mit den polaren Kategorien Bindung und Autonomie. Oder mit den polaren Metaphern Schattenkinder und Sonnenkinder.

Es ist gut, wenn wir solche inneren Bilder haben. Solange wir nicht glauben, nun hätten wir einen einfachen Problemlöse-Algorithmus. Bilder können und sollen unser Vorstellungsvermögen anregen, unsere Fähigkeit, Fragen zu stellen, aber wir sollten sie nicht unbedingt allzu wörtlich nehmen.

Freude haben

Als ich das erste Mal die Räume der D-School (HPI School of Design Thinking) in Potsdam betrat, hatte ich dabei so etwas wie ein Déjà-vu. Da war das Bild des Kunstkellers wieder da, die Organ-Station von Günther Scholl. Natürlich war das etwas ganz anderes und Eigenes, was ich hier erlebte. Mit einer eigenen Geschichte der Kreativität und der Co-Creation. Nicht im Keller, sondern auf verschiedenen lichtdurchfluteten Etagen, mit ganz unterschiedlich gestalteten Räumen, Co-Working-Spaces.
Aber die Atmosphäre und der Spirit waren ähnlich. Das Künstlerische und die Freude waren hier wie dort zum Greifen nahe. Sie waren eng mit der Arbeit verbunden und diese mit dem Leben verknüpft. »Work hard and have fun!«, wie es manchmal heißt. Uli Weinberg wiederum hatte eine sehr ähn-

liche Eingebung, nur umgekehrt bzw. seitenverkehrt. Claudia Nicolai und er leiten gemeinsam die D-School; beide hatten mich gefragt, ob ich Lust hätte, mit in das Teaching-Team zu kommen und mitzuwirken. Uli Weinberg erzählt oft: Als er meinen Einführungstext zur Anthologie *Die andere Intelligenz* in die Hand bekam, hätte er sich gedacht: Der schreibt über das, was wir hier machen, wenn wir Design Thinking betreiben.

Auch das war nur eine Ähnlichkeit. Tatsächlich hatte und hat *Die andere Intelligenz* eine eigene Geschichte. Und noch einige andere, eigenständige Leitgedanken. Ein vernetztes, kreatives Denken verschiedener Autoren aus verschiedenen Disziplinen. Aber die Parallelen sind da. Wiedererkennbar auch in der Gegenüberstellung der Charakteristika eines alten und neuen Denkens: Hier das gebieterische »So ist es!«. Dort das fragende, die anderen einbeziehende »Ist es so?«. Unterlegt mit einer Vielzahl von Begriffen, die für die beiden Seiten stehen. Aufeinander bezogen, wissend, dass keine Seite »besser« ist oder sich über die andere erheben sollte. Das Nicht-recht-haben-Wollen ist ein Schlüssel der »anderen Intelligenz« – und der Lebenskunst.

Arbeiten und Spaß haben. Heute wird das oft als ein Siegel der neuen Arbeitsweisen einer neuen Generation verstanden. Co-Working und Co-Living. Arbeit und Freizeit fließen ineinander. »Arbeiten, das so aussieht wie Feiern, aber richtiges Arbeiten ist«, sagt der Wirtschaftsredakteur Bastian Benrath dazu – und zitiert die Antwort von Yaël Meier, Chefin einer Zürcher Agentur, auf die Frage, wie viele Stunden sie am Tag arbeite: »Was ist Arbeit?«

Das ist natürlich nur ein Aspekt der großen Veränderungen dieser Zeit. Ein Teilausschnitt der Arbeits- und Lebenswirklichkeit. Spaß haben und die neuen Arbeitsformen gehören zu den hellen Seiten der Entwicklung. Aber das ist nicht die ganze Wirklichkeit.

Goldene Eier

Es gibt eine schöne alte Bildergeschichte, die wir auch bei Stephen R. Covey finden. Es ist die Geschichte von den goldenen Eiern, die eigentlich eine Fabel ist, erzählt vom antiken griechischen Dichter Äsop, der vermutlich im 6. Jahrhundert v. Chr. gelebt hat.

Die Geschichte geht so:

Ein armer Bauer entdeckt eines Tages im Nest seiner Lieblingsgans ein goldenes Ei. Es ist tatsächlich aus reinem Gold. Der Bauer kann sein Glück kaum fassen. Am nächsten Tag legt die Gans wieder ein goldenes Ei. Und das passiert nun jeden Tag. Der Bauer wird sehr reich.
Doch mit dem Reichtum wachsen auch die Gier und die Ungeduld. Der Bauer möchte alle Eier sofort haben. Er beschließt, die Gans zu schlachten. Aber als er sie aufschneidet, ist die Gans leer. Er hat die Quelle geschlachtet, die ihn zum Reichtum geführt hat.

Die Moral dieser Geschichte fasst Covey in eine Art Formel: Die goldenen Eier sind das, was produziert wird. Die Gans ist der produzierende Faktor. Covey nennt sie die Produktionskapazität. Beide zusammen ergeben für ihn ein Gleichgewichtsmodell. Zitat: »Ich nenne [es] das P/PK-Gleichgewicht. P steht für *Produktion* […] PK steht für *Produktionskapazität*«. Und er erläutert: »Was passiert, wenn Sie Ihr Leben nur auf die goldenen Eier ausrichten und die Gans vernachlässigen? Dann fehlt Ihnen bald der Faktor, der die goldenen Eier produziert.«

Ich finde die Geschichte einleuchtend. Und das Modell auch. Zunächst. Wer sich nicht um die Produktionskapazität kümmert und immer nur Ergebnisse haben will, wird die wirtschaftlichen Lebensgrundlagen zerstören. Und das eigene Leben. Im Großen wie im Kleinen.

Gleichzeitig glaube ich, dass die Interpretation von Covey zeitgebunden ist. Und so gehen mir einige Fragen durch den Kopf:

◆ Was, wenn die goldenen Eier kleiner werden? Oder ganz ausbleiben, ohne dass die Gänse geschlachtet wurden?
◆ Ist die Sicht der Produktion ausreichend, wenn wir über Gleichgewichte sprechen?
◆ Woher kommt in diesem Modell die Energie? Woher das Futter?

Eine noch geordnete Welt

Als Stephen Covey sein Buch unter dem Titel *The 7 Habits of Highly Effective People* 1989 in den USA veröffentlichte, gab es bereits einige Anzeichen tiefgreifender Veränderungen in der amerikanischen Gesellschaft. Er hat manche davon selbst gespürt und registriert. Aber viele seiner Millionen Leser glaubten fest daran, dass der bessere Teil der Geschichte vor ihnen liege. Gerade nach dem Fall der Mauer und der Auflösung der Sowjetunion.

Das Ende der Geschichte schien gekommen. Gleichbedeutend mit dem Siegeszug von Marktwirtschaft und Liberalismus. Der Optimismus war ungebrochen. Die Demokratie wird sich überall als Ordnungsmodell durchsetzen. Das ist doch klar. Oder? Die Welt ist flach. Wenn man nur tüchtig produziert, Güter produziert, Legehennen produziert. Massenweise. In Fabriken und fabrikähnlichen Großfarmen. Alles konnte produziert werden. Ohne Grenzen. Meadows Bericht an den Club of Rome war längst erschienen. Aber das war zu dieser Zeit die Meinung von ein paar Außenseitern.

Das Golden Age der Nachkriegszeit lag noch nicht lange zurück. Es gab erste Erhöhungen der Rohölpreise. Ja. Doch noch floss das flüssige Gold reichlich. Die Zeit der großen Karossen, der Full-Size Cars und Straßenkreuzer von Ford, General Motors und Chrysler war vorbei. Aber sie lebte noch stark in der Erinnerung.
Die Welt schien in weiten Teilen noch in Ordnung. Unordnung ließ sich reparieren, wenn man nur die richtigen, die dringenden und wichtigen Dinge tat. So wie es der US-Präsidenten Dwight D. Eisenhower in den 50er-Jahren vorgemacht hatte. Doch reicht diese Sichtweise noch?

Kann uns Resilienz helfen?

In den 80er- und in den 90er-Jahren war die Vokabel »Resilienz« nur einem Fachpublikum vertraut. Vor allem in der Materialforschung, in der Werkstoffkunde. Einzelne Forscher:innen in der Psychologie und Pädagogik versuchten in Studien herauszufinden, ob nicht auch in der Entwicklung von Kindern und Jugendlichen Resilienz ein Unterscheidungsmerkmal sein könnte. Allmählich begannen auch andere Forscher dieses Wort zu übernehmen. In den letzten zehn Jahren machte der Begriff eine steile Karriere. Die Menge der Publikationen wuchs exponentiell.

Heute kann sich kaum jemand in Politik, Wirtschaft und Beratung der Sogwirkung dieses Begriffs entziehen. Fast alle Beratungsfirmen haben dieses Thema in ihrem Portfolio. Das hat nicht nur wissenschaftliche Gründe.

Was, wenn wir Mittel an die Hand bekämen, in einer Krise so biegsam und anpassungsfähig zu reagieren, dass wir danach wieder in unsere ursprüngliche Form zurückfinden würden? Als sei nichts gewesen? Nicht wie bei einem Klumpen Lehm, der sich unwiederbringlich verformt. Sondern wie ein Schwamm?

Können wir uns davon etwas abgucken? Etwas, das uns in Systemen und Organisationen helfen könnte, Stürme besser zu überstehen? Damit wir uns immer wieder aufrichten können?

Vielleicht bei einem künftigen Hochwasser? Bei der nächsten Migrationswelle? Oder bei der nächsten Pandemie? Dem nächsten Lieferengpass? Bei einem weiteren Anstieg der Energie- und Lebensmittelpreise? Oder wenn die nächste Blase platzt? Wer weiß wo?

Die Diskussion ist in Gang gekommen. Einige fragen sich: Haben wir es vielleicht mit manchem übertrieben? Bedeutet zu viel Effizienz zu wenig Resilienz?
Andere fragen: Reicht es aus, nach einer Krise wieder zurück in den vorherigen Zustand zu kommen? Sollten sich Menschen in Krisenzeiten die Biegsamkeit von Materialien zum Vorbild nehmen? Hilft Resilienz, wenn überall der Boden wankt?

Paradigmenwechsel

Unsere Wahrnehmung der Wirklichkeit hat sich verändert. Und mit ihr die Wahrnehmung unserer eigenen Wirksamkeit. Deshalb überall die Rede von neuer Normalität oder von neuen Realitäten. Eine Anhäufung von Krisen, Schocks, Schwarzen Schwänen, Brüchen und vielen Ereignissen, die wir nicht auf der Rechnung hatten. So ist der Eindruck.

Wir erleben überall ein schwindendes Vertrauen in die eingespielten Planungsmechanismen, in das, was man mit Sloterdijk »Planhandeln« nennen könnte. Ein Denken und Handeln, das sich an bekannten Größen ausrichtet. An ziemlich genauen Vorhersagen oder großen Wahrscheinlichkeiten. An Benchmarks und an wiederholbaren Abläufen. Da ist nicht nur die Welt ins Wanken gekommen, sondern auch unsere Weltsicht. Ein Paradigmenwechsel.

Nassim Taleb, der den Begriff des Schwarzen Schwans in den Umlauf gebracht hat, sagt: »Wir müssen den Extremfall als Ausgangspunkt benutzen, wir dürfen ihn nicht als Ausnahme betrachten, die man unter den Teppich kehren kann.«

Das ist ein Aspekt einer erweiterten Effektivität. Das Unordentliche verstehen und mit dem Unwahrscheinlichen rechnen lernen. »Be prepared for the unexpected!«, lautete mein erster Imperativ des disruptiven Denkens. Die Digital-Life-Design(DLD)-Konferenz wählte als ihr Motto »Expect the unexpected!«; ihre Chefin Steffi Czerny spricht davon, dass »neue Realitäten wie die Energiekrise, die Klimakrise oder der Ukrainekrieg uns zum Umdenken zwingen«. Aber worin besteht dieses Umdenken?

Und: Wie gehen wir damit um?

Druckerhöhung, Tempoverschärfung und Risikosteigerung, wohin wir schauen. Der Soziologe Ulrich Beck hatte schon recht, als er von der »Risikogesellschaft« sprach. Und da ist keine höhere Macht, die glaubhaft versprechen kann, wieder Übersicht, Gewissheit und vertraute Ordnung zu schaffen.

Wir können die verschiedenen sich überlagernden Krisen benennen und aufzählen. Klimakrise, Krieg, Coronapandemie, demografischer Wandel, Migration, Artensterben, Inflation, Nahrungsmittel, Energie etc. Damit haben wir für einen Augenblick kognitiv Klarheit geschaffen. Aber wie die Dinge sich entwickeln, miteinander interagieren und uns konkret treffen werden, können wir nicht vorhersagen. Schon gar nicht die damit verbundenen sozialen Verwerfungen.

Wir können in unseren Organisationen Szenario-Brainstormings durchführen, Frühwarnsysteme installieren, Resilienz-Roadmaps skizzieren, Taskforces aufstellen und manches andere, was etwa der Wirtschaftswissenschaftler Horst Wildemann vorschlägt, der Resilienz eine »Kernkompetenz« nennt. Das ist sicher nützlich. Wir können dadurch möglicherweise die Flexibilität und Widerstandsfähigkeit der Organisation erhöhen. Aber wie gehen die Individuen damit um, wie empfinden die Einzelne und der Einzelne all das?

Und wir?

Wir haben – auch dank der Fortschritte in der Forschung – in den letzten Jahrzehnten Methoden, Techniken und Instrumente entwickelt, um besser mit Druck und Stress umgehen zu können:

- Körperliche Methoden und Mittel: Kraft, Beweglichkeit und Ausdauer trainieren
- Mentale Methoden und Mittel: Achtsamkeit, nach innen gehen und Geduld einüben
- Kommunikative Methoden und Mittel: Zusammenarbeit und Teamentwicklung verbessern

Das sind enorm wichtige Felder. Da sind wertvolle Übungssysteme entstanden. Oft technologieunterstützt, mit modernem Datenmanagement gekoppelt. Wie wertvoll sie sind, sehen wir gerade im Hochleistungssport.

Es sind Stabilisatoren. Stärkungen. Ordnungsanker. Für manche noch viel mehr, wenn die Übungssysteme mit Glaubenssystemen verbunden sind. Dann entstehen mächtige Kräfte, die Menschen Halt geben können.

Doch es bleiben Fragen: Was, wenn wir den Anker lichten und uns wieder auf den Ozean hinauswagen? Wenn wir eintauchen in das Meer der Konflikte und Erregungen der realen und virtuellen Welten? Mit allen Stürmen, Wogen der Leidenschaften, Aufwallungen der Empörung, sprachlich verfassten Auseinandersetzungen, Unsicherheiten, Existenzängsten, mit der Erschöpfung, den Versorgungsengpässen, Niederlagen und Niedergeschlagenheiten?

Wie sehen wir die Welt, wenn wir Ausschau halten? Was ist unsere Weltsicht in dieser Zeit der Ungewissheit und der Extreme? Woran orientieren wir uns?

Mächtige Kräfte

Es gibt immer mehr Menschen, die meditieren, Yoga praktizieren oder Tai-Chi betreiben. Wenn Meditation und Achtsamkeitsübungen mit wertschätzender, offener Kommunikation und kritischem Denken kombiniert werden, wird für das Leben in schwierigen Situationen eine gute Grundlage gelegt. Wer dazu Erfahrung als Hochleistungssportler mit Höhen und Tiefen gemacht hat, wer ein stabiles familiäres Umfeld hat, wer sich viel bewegt und mit der Natur verbunden ist, braucht keinen Rat für das Leben, sondern kann selbst Rat geben. Ich habe vor solchen Menschen eine große Hochachtung. Ich habe von ihnen viel gelernt. Und ich lerne immer noch. Manche sind meine Freunde geworden.

Einer davon ist Herbert Schreib, der einmal Vizeweltmeister im Rafting war, der ein exzellenter Achtsamkeitstrainer ist, der die Natur in- und auswendig kennt und der irgendwann selbst einmal von den Naturgewalten beinahe hinweggefegt wurde. Gemeinsam mit seiner Frau Elisabeth. Es fehlte nicht viel. Der deshalb so dankbar für das Leben ist, das ihnen beiden wieder geschenkt wurde. Und der gerade deshalb so authentisch über den Umgang mit den Unwägbarkeiten des Lebens zu berichten weiß. Seine Botschaft: sich nicht überrollen lassen.

Sich nicht überrollen lassen

Überleben unter Druck in widrigen Zeiten: Lebenskunst hat viel gemein mit den Techniken und Praktiken zur Stärkung der eigenen Fitness, die heute viele übernommen haben, um ihrem Leben Halt und Stabilität zu geben. Sie hat viel zu tun mit den Tools und Formaten, die wir entwickelt haben, um uns auszutauschen und gemeinsam nach neuen Lösungen zu suchen.

Und dann ist da noch etwas anderes, das mit einer kaum merklichen Verschiebung der Sicht und inneren Einstellung zu tun hat. Etwas, das in dem Wort »Kunst« mitschwingt.

Was ist das? Was könnte das sein? Lässt sich das Geheimnis entschlüsseln? Gibt es einen Code? Vielleicht hat das etwas mit dem Unwägbaren zu tun?

Nein, es gibt keinen Code. Kunst ist immer noch mehr als die Codierung. In welcher Zusammensetzung und in welchem Zusammenhang auch immer das Wort gebraucht wird.

Ingenieurskunst, Dichtkunst, Heilkunst, Kampfkunst sind Handwerk, regelbasiertes Können und gleichzeitig noch etwas anderes. Etwas Außerplanmäßiges: besondere Konzentration, Kraft, Kreativität, Leidenschaft, liebevolle Zuneigung, Inspiration oder Leichtigkeit. Da schwingt Verschiedenes mit, was jeweils im Einzelnen zu ergründen wäre. Immer mit dem Risiko des Scheiterns. Keine Studie kann uns da ein für alle Mal verlässlich Klarheit verschaffen. Nur das Leben selbst.

Realisten von morgen

Sie wollte eigentlich Konzertpianistin werden und dann kam vieles anders in ihrem Leben. Sie hatte keine normale ordentliche Karriere. Dafür brachte sie neue Ideen, Freude und Wärme in die Welt, die sie umgab. »Sie wusste stets das Licht zu finden und Glück«, hat der Autor Volker Weidemann mal über sie gesagt. Sie war erstes weibliches Mitglied des Club of Rome, Pionierin der Ökologie, Meeresforscherin, Mitbegründerin von *Ocean Yearbook*, der wissenschaftlichen Zeitschrift für Meere: Elisabeth Mann Borgese.
Nach dem Zweiten Weltkrieg beginnt sie gemeinsam mit ihrem Mann für eine »neue Weltverfassung« zu kämpfen. 1967 hört sie eine Rede des maltesischen UN-Botschafters Arvid Pardo vor den Vereinten Nationen. Er fordert die Anerkennung der Meere als Gemeinerbe der Menschheit und ein neues Seerecht. Das ist die Geburtsstunde ihrer Vision. »Die Vision, mit der ich mich immerzu beschäftige natürlich, ist, wie sich die soziale und politische Weltordnung umbildet, und mein Gedanke war immer, dass es mit der neuen Meeresordnung anfängt.« Ihr ist es zu verdanken, dass die Meere heute als schützenswertes und überlebenswichtiges Gemeingut angesehen werden und dass es dafür ein Seerechtsübereinkommen der Vereinten Nationen gibt. Sie sagte einmal: »Die Realisten von heute sind morgen tot. Und die Utopisten von heute sind die Realisten von morgen.« Heute ist ein Forschungsschiff nach ihr benannt. Ein Schiff des Leibniz-Instituts

für Ostseeforschung, dessen Crew Aufgaben der Umweltbeobachtung und des Meeresmonitorings übernommen hat. Zum Schutz der Meere. Und zum Schutz für uns. Können wir davon etwas lernen?

Eine Matrix neuer Einstellungen

Wäre ich aus pragmatischen Gründen gezwungen, einiges von dem bisher Gesagten in einem einprägsamen Diagramm zu verdichten, würde ich eine Matrix mit vier Feldern wählen. Eine Matrix der Grundeinstellungen einer erweiterten Sichtweise für diese Zeit und für die vor uns liegenden Wege.

Vorweg und damit keine Verwechselungen auftreten: Diese Matrix hat nichts mit dem spannenden gleichnamigen Film von 1999 zu tun. Dort geht es bekanntlich auch um Sehweisen, um Welt-Sichten. Genauer: Es gibt nur zwei mögliche Weltsichten.

Blau oder rot. Schluckst du die blaue Pille, bleibst du in einer heilen Traumwelt, die komplett manipuliert ist. Die rote Pille dagegen wird dir die Augen öffnen. Für eine blutige Welt, in der du dich und die anderen nur mit Gewalt befreien und erlösen kannst. 2021 gibt es eine Wiederauferstehung. *The Matrix Resurrections.* Die Hauptakteurin Carrie-Anne Moss sagt danach in einem Interview mit dem PR-Magazin von Red Bull, sie habe trotz Meditation und vieler anderer Versuche, sich zu lösen, bis heute das Gefühl, dass wir in einer Matrix leben: »Das Gefühl habe ich jeden Tag.«

Bis heute hält sich diese Matrix-Sicht. Sie ist stark und verführerisch.

Es ist eine digitale, zweiwertige Weltsicht. Rot oder blau. Entweder – oder. Etwas Drittes gibt es nicht. Das ist eine autoritäre Suggestion. Eine Manipulation. (Und eine verschwörungsfabulierende Konstruktion.) Eigentlich hast du keine Wahl, wenn du ein aufrechter Mensch bist. Du musst dich zu einer Farbe bekennen. Du musst dich für die rote Seite entscheiden. Das polare Prinzip wird aufgespalten.

Dabei herrscht die böse Macht oder die Macht des Bösen über beide Seiten. Total. Du kannst ihr nicht entkommen, es sei denn mit der Waffe in der Hand.

Cineastisch gekonnt wird die Sorge vieler Zeitgenossen vor der Allgegenwart der vernetzten Systeme und vor der Macht der dahinterstehenden Konzerne in eine Geschichte eingesponnen, die kein Entrinnen mehr kennt. Keine

Denk- und keine Handlungsalternativen. Auch keine individuelle. Du hast keine Entscheidungsfreiheit mehr, außer der ersten, die Pille zu schlucken.

Erweiterte Sichtweise

Ich plädiere dafür, noch einmal hinzuschauen. »In Bocca di Lupo«, wie man so schön im Italienischen sagt (wörtlich übersetzt: in den Mund des Wolfes; gemeint ist: Hals- und Beinbruch). Als Aufmunterung, wenn es schwierig wird. Mit einer erweiterten Sichtweise, die skeptisch ist. Skepsis kommt aus dem altgriechischen *sképtesthai*, das bedeutet »schauen, spähen, betrachten, untersuchen«. Skeptiker waren Menschen, die eine Sache von allen Seiten betrachten. Sie wurden später auch Philosophen genannt.

In meiner Vorstellung von Philosophie ist diese mit einer grundsätzlich optimistischen Haltung verbunden. Mit einem Optimismus des Herzens, der uns motiviert, positiv die vor uns liegenden Aufgaben anzugehen, pragmatisch, geistesgegenwärtig und gestaltend zu wirken.

Denn die Philosophie weiß, dass die Art und Weise unserer Wahrnehmung Einfluss hat auf die Art und Weise unseres Tuns. Schon die altgriechischen Philosophen hatten dies durch ihr aufmerksames Schauen bemerkt. Die Liebe, die das Metier des Philosophen kennzeichnet, ist eine zur Weisheit und damit zum Leben. Lebenskunst ist selbst ursprünglich ein philosophischer Begriff. Sie ist ohne Optimismus nicht denkbar.

Ich plädiere für eine Renaissance dieser Sichtweise. Ich nenne sie mit Blick auf die heutigen Erfordernisse die Sichtweise eines neuen Konstruktivismus.

Dazu schlage ich eine andere, weniger aufgeladene Matrix vor. Wie jede Matrix immer noch eine Vereinfachung. Aber nicht zweiwertig, sondern mehrdimensional.
Sie ist ein Gedankenbild für eine mögliche innere Orientierung für uns in dieser Zeit der neuen Realitäten – in und außerhalb von Organisationen. Sie ist skeptisch-realistisch und zugleich pragmatisch-optimistisch.

Sich (neu) einstellen – worauf und wie?

Unerwartetes erwarten

◆ Wir beobachten: Extreme werden wahrscheinlicher und verlässliche lineare Vorhersagen eher unwahrscheinlich.

◆ Aber können wir nicht versuchen, uns auf eine Welt der Extremereignisse einzustellen, wie es jeder, der ein Stück Land bewirtschaftet, jeder Weinbauer oder jeder Gärtner seit geraumer Zeit überall auf der Welt in Risikogebieten machen muss?

Mit wenigem rechnen

◆ Wir spüren: Krieg und Krisen bringen Einschnitte und Einsparungen. Vieles muss reduziert werden.

◆ Aber war das »Immer mehr« denn immer gut? Wer sagt, dass das »Weniger« immer nur ein Verlust ist?

Deine Sache gut machen

◆ Wir erleben, dass manche großen Projekte einer »Better World« und manche Vorstellungen von einem automatischen Fortschritt einer friedlichen Welt Wunschvorstellungen waren. Sie sind fast überall Enttäuschungen gewichen.

◆ Aber können wir nicht versuchen, im Kleinen Dinge gut zu machen? Aus wenigem etwas Freundliches zu machen? Wer sagt, dass das nicht geht?

Energie umwandeln

◆ Wir merken: Wir werden uns umstellen müssen. In der Art und Weise, wie wir wirtschaften. Auch und insbesondere in der Energieversorgung.

◆ Aber können wir nicht Energien umwandeln? Im wörtlichen und im übertragenen Sinn? Warum sollten wir nicht autarker werden und daraus neue Energien schöpfen?

Das sind vier Felder, die es uns ermöglichen, unsere Wahrnehmung zu schärfen. Vielleicht neu zu justieren. Ein erweiterter mentaler Rahmen. Probieren wir mal aus, ob sie uns im Alltag nützen. Bei unseren Beobachtungen und Selbstbeobachtungen.

DIE NEUE MATRIX

Unerwartetes erwarten	*Deine Sache gut machen*
Mit wenigem rechnen	*Energie umwandeln*

Sich neu einstellen – *mentaler Rahmen*

In der linken Spalte: Zumutungen dieser Zeit
(der skeptische, kritische Blick).

In der rechten Spalte: Aufgaben dieser Zeit
(die optimistische, pragmatische Sicht).

Als Kreislauf gedacht (von links unten beginnend): eine transformative
Sicht. Nicht nur proaktiv, sondern schöpferisch, prokreativ.

In diesem Sinne füge ich im zweiten Schritt eine vertiefte Ansicht hinzu,
ergänzt um ein inneres Zentrum: das soziale Kraftzentrum – schöpferisch,
kooperativ, gestaltend, eigenverantwortlich, widerstandsfähig.

DIE NEUE MATRIX
UND UNSERE EIGENVERANTWORTUNG

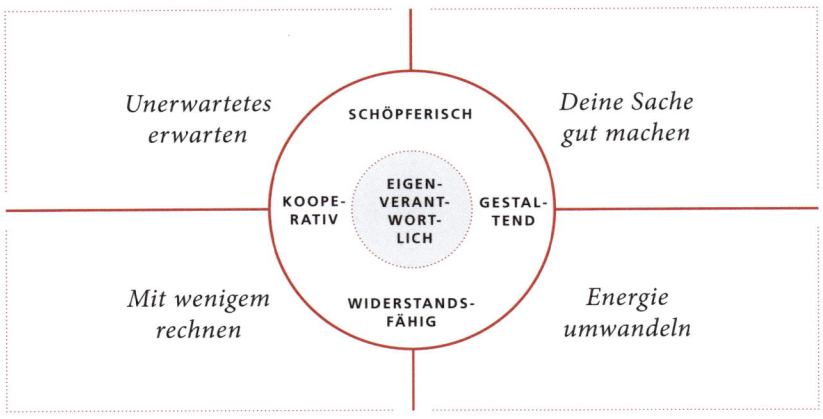

Sich neu einstellen – *und selber machen*

Das sind – für mich persönlich – Grundeinstellungen der Lebenskunst. Sie werden uns in den weiteren Etappen begleiten. In unterschiedlicher Ausprägung. Manchmal werden wir auf sie auch ganz verzichten. Und noch einmal ganz anders auf uns selbst und auf unsere Fragen schauen.

Wohin schauen wir – ohne Werkzeug?

Eine Matrix ist ein Tool. Tools sind Werkzeuge, nützliche Hilfsmittel. Sie helfen uns, eine gewisse Ordnung zu schaffen, manches besser zu sehen und planen zu können.

Wir haben viele solche Hilfsmittel um uns herum. Für die verschiedenen Arten des Sehens, Hörens und Arbeitens. Apps, Smartphones, Computer, Tablets, Smartwatches, Playstations, EarPods, Lautsprecher mit Spracherkennung, ganz abgesehen von Küchenmaschinen, E-Bikes und Autos.

Manche haben das Gefühl: Es sind schon zu viele. Und es werden immer mehr: Endoskop-Kameras für den Hausgebrauch, Bluetooth-Mützen, binokulare AR-Headsets etc.

Einfach mal abschalten

Oft ertönt deshalb der Ruf (auch in uns selbst): Einfach mal abschalten, sich ausstöpseln! Stattdessen meditieren oder ein paar Schritte hinaus tun – hinaus in die Natur. Durchatmen, aufatmen, auftanken. Zur Ruhe oder zur Besinnung kommen. Und dabei nach innen gehen, innerlich aufgeräumter werden. In manchen Momenten. Möglicherweise auch nach dem Sinn fragen, nach dem Woher und Wozu. Wohin führt das Ganze? Und wohin will ich? Viele junge Menschen beschäftigen diese Fragen jetzt im besonderen Maße. Wie wird unser Leben auf dem Planeten in ein, zwei Jahrzehnten aussehen?

Und dann: Wem schauen wir in solchen Momenten zu? Oder hören wir dann zu? Wenn wir mal unsere Instrumente weglegen. Worauf und wohin schauen wir? Wohin richten wir unser inneres Ohr? Wem wollen und können wir trauen?

Hoffnung? Worauf? Was Astrid Lindgren sagte

Vielleicht ist es eine Hilfe, dass es anderen Menschen vor uns ähnlich gegangen ist. Dass sie manchmal in einer verzweifelten Lage waren, in der gerade alles rings um sie heftig zerstört wurde und zusammenbrach. So lohnt es sich, eine Rede von Astrid Lindgren, der Schöpferin von Pippi Langstrumpf, wieder zu lesen, die sie bei der Verleihung des Friedenspreises des Deutschen Buchhandels 1978 hielt. Daraus stammt diese Frage: »Gibt es auch nur die geringste Hoffnung darauf, dass die heutigen Kinder dereinst eine friedlichere Welt aufbauen werden, als wir es vermocht haben? Und warum ist uns dies trotz allen guten Willens so schlecht gelungen?«

Astrid Lindgren erzählt, sie könne sich noch gut daran erinnern, welch ein Schock es für sie als Kind gewesen war, als ihr klar wurde, »dass die Männer, die die Geschichte der Völker und der Welt lenkten, keine höheren Wesen mit übernatürlichen Gaben und göttlicher Weisheit waren«. Es waren Menschen mit ähnlichen Schwächen, wie wir sie alle haben. Aber sie hatten Macht. Und sie konnten schicksalsschwere Entscheidungen treffen. Und zwar, so fährt Astrid Lindgren fort, »je nach den Antrieben und Kräften, von denen sie beherrscht wurden. So konnte es, traf es sich besonders unglücklich, zum Krieg kommen, nur weil ein einziger Mensch von Machtgier oder Rachsucht besessen war, von Eitelkeit oder Gewinnsucht, oder aber – und das scheint das häufigste zu sein – von dem blinden Glauben an die Gewalt als das wirksamste Hilfsmittel in allen Situationen.«

Sie spricht über Krieg und Frieden, über ihre Ängste und über ihre Hoffnung. Mit Blick auf die Kinder und auf die Erwachsenen. Als Kinderbuchautorin und als Bürgerin. Sie schließt: »Und ganz gewiss gibt es in unserer armen, kranken Welt noch sehr viel anderes, das gleichfalls geändert werden muss, soll es Frieden geben. Aber in dieser unserer Gegenwart gibt es – selbst ohne Krieg – so unfassbar viel Grausamkeit, Gewalt und Unterdrückung auf Erden, und das bleibt den Kindern keineswegs verborgen. Sie sehen und hören und lesen es täglich, und schließlich glauben sie gar, Gewalt sei ein natürlicher Zustand. Müssen wir ihnen dann nicht wenigstens daheim durch unser Beispiel zeigen, dass es eine andere Art zu leben gibt?«

Der innere Magnet

Wir können heute überall hinreisen: real und digital. Wir werden mithilfe neuer Technologien viele bekannte Regionen in neuer Weise dreidimensional sehen lernen. In sie hineintauchen und durch sie hindurchfliegen können, bis es uns schwindelig wird. Das können wertvolle Erfahrungen sein.

»Doch wenn es einen Magneten gäbe, der nach den Ländern und Häusern wiese, in denen Menschen leben, die innerlich reich und mächtig sind, ja dann würde ich alles, was ich habe, verkaufen und mich heute noch auf den Weg machen«, sagt Ralph Waldo Emerson. »Das ganze Menschengeschlecht lebt vom Kredit dieser Einzelnen.«

»Gäbe«, heißt es bei Emerson. Dieser Magnet kommt in der Natur, in der Maschinenwelt, in den IT-Landscapes oder im Arbeitsleben nicht vor. Wir müssen ihn uns vorstellen, gedanklich konstruieren, imaginieren. Wir brauchen innere Bilder. Vor allem Bilder von Menschen – Vorbilder.

Überlegen wir einmal für einen Augenblick, welche das für uns sind oder sein könnten. Nehmen wir uns dazu 30 Sekunden Zeit … Persönlichkeiten aus unserem Freundes- oder Verwandtenkreis. Aus unserem näheren oder weiteren Umfeld. Aus Erzählungen, Berichten, Filmen, Büchern, Blogs, Interviews …

Für mich gehören Astrid Lindgren und Elisabeth Mann Borgese zu ihnen. Zu denen, von deren Kredit wir leben. Ohne uns dessen immer bewusst zu sein. Obwohl wir unbewusst längst wissen, dass wir geistig und seelisch von den Vorschüssen solcher Menschen leben. Ihre Bilder sind Vorbilder.

Andere Kräfte

Zugegeben: Der Magnet, von dem Emerson sprach, hat es heute schwer. Er wird ständig abgelenkt durch andere Kräfte, die Menschen geschaffen und kulturell codiert haben. Die sehr stark wirken. Eine davon nenne ich die Massenanziehungskraft. Sie funktioniert mit großen Zahlen. Mit einem ganz einfachen Versprechen: »Immer mehr.« Oder auch: »Viel. Mehr. Immer mehr.«

Es fällt sehr leicht, sich daran zu orientieren. Wir brauchen nur ins Internet zu gehen und nach Ziffern zu schauen. Nach der Menge von Klicks und Followern. Die einzige Qualifikation, die dafür nötig ist: Wir müssen Zahlen ablesen können.

Capital Bra, derzeit erfolgreichster deutscher Sänger, über vier Millionen Follower bei Instagram. Oder Ariana Grande, über dreihundert Millionen Follower bei Instagram. Wie heißt es in einem Song von ihr?
»Whoever said money can't solve your problems
Must not have had enough money to solve 'em.«

Ein inneres Präferenzsystem

Ich muss nicht betonen, dass es diese Kräfte schon immer gab, dass sie aber in dieser Zeit besonders stark wirken. Quantität, Menge, Masse. Das war bei den altrömischen Spielen so. Und das ist bei den heutigen Plattformen so. Technologisch optimiert.

Umso wichtiger ist es, dass wir versuchen zu lernen, eine andere Art von Resilienz oder Widerstandsfähigkeit zu entwickeln, die sich von der Menge nicht überwältigen lässt. Anders ausgedrückt: dass wir rechtzeitig beginnen, ein inneres Präferenzsystem aufzubauen, das noch andere Kriterien der Bewertung kennt als quantitative. So wie es Menschen in den letzten Jahrzehnten ja auch gelernt haben, ein Schnitzel nicht nach seiner Größe zu beurteilen, einen ihnen gereichten Teller nicht danach, wie voll er ist. Und ihren Blick auf das Buffet der Gastgeber nicht danach, wie viel sie davon in welcher Zeit abräumen können.

Warum sollte es nicht möglich sein, nichtquantitative Kriterien auch in anderen Bereichen für denkbar zu halten? Wenn es darum geht, Musik auszuwählen, Freunde auszuwählen, glaubwürdige Vorbilder auszuwählen – den eigenen Weg zu finden?

Einfach gut

Und der innere Magnet? Wie ist er beschaffen? Kann man ihn erwerben?
Nachbauen? Seinen Bauplan oder seinen Code lernen?
Möglicherweise. Aber nicht im Schnelldurchgang.
Wir können ihn nicht hochladen. Nur ganz allmählich aufladen. Das geht bei diesem Magneten. Und er wird – im Unterschied zu den meisten Geräten – mit jedem Aufladen besser und stärker.

Der Code heißt »innerlich reich und mächtig«. Oder einfach »gut«.

»Gut« hat neben der stofflichen Dimension eine funktionale Dimension. Aber auch eine ethische und eine ästhetische. Letztere ist enorm wichtig, obwohl wir sie nahezu vergessen haben. Wir müssen uns nur umschauen in Natur und Kultur. »Gut« ist schöner als das schlecht Gemachte und dadurch haltbarer, dauerhafter. Das ist übrigens ein ganz wichtiger Aspekt der Nachhaltigkeit: »Gut ist, was gut alt werden kann«, wie Ernst Bloch sagt. Dazu später mehr.

Und wie kommen wir zu diesem Magneten, der uns Menschen finden lässt, die innerlich reich und mächtig sind? Was ist in diesem Fall die Qualifikation?

Vergleichen können. Wie lässt sich das lernen? Durch Vergleichen. Und durch Üben. Nur so. Immer wieder.

Dieser Weg ist manchmal zäh. Die Fortschritte sind nicht sofort in Zahlen messbar. Aber dafür gibt es auf dem Weg manches zu entdecken. Vor allem das Leben selbst. Und uns selbst. Leben ist kein Zählautomat. Der Mensch ist keine Zählung. Auch wenn alles an ihm berechenbar und messbar erscheint. Sondern eher eine Erzählung. Zu dieser Erzählung gehört, dass weniges auch gut sein kann. Nicht muss, aber kann. Manchmal gilt es, auch das wieder neu zu entdecken.

Und wenn die Zahlen auch stimmen? Umso besser. Aber schiele nicht immerzu auf die Zahlen. Von innen nach außen. Das heißt auch: Fang mit dem Guten an. In deiner Arbeit. In deinen Beziehungen. In der Wahl deiner Freunde. Sofern sie nicht dich wählen.

Das Eisenhower-Prinzip – noch einmal anschauen

Ich glaube, dass es Zeit wird, das schon einmal erwähnte Eisenhower-Prinzip aus den 50er-Jahren noch einmal neu anzuschauen. Und den Mut zu haben, es zu erweitern. Wir brauchen ein innerlich reicheres, zeitgemäßeres Prinzip.
Beim alten Eisenhower-Prinzip, das auch als Prinzip des Zeitmanagements bekannt wurde, gab es zwei Kategorien, die zählten: die Dringlichkeit und die Wichtigkeit. Was verständlich ist, wenn man Präsident der USA ist. In einer Zeit, in der scheinbar nur diese Dinge und die Menge der Dinge zählten. Und in der nur der Überfluss, die schiere Menge auf dem Schreibtisch und die knappe Zeit eines Präsidenten eine Auswahl erforderten. Zumindest konnte das so scheinen.

Die Devise hieß: Kümmere dich ausschließlich um die dringenden und wichtigen Dinge. Die dringendsten erledigst du sofort, dann erledigst du die wichtigen, die anderen kommen in den Papierkorb. Eine Selektion. Genial simpel. Es funktioniert. Daran ist nichts zu deuteln.

Ich schlage eine dritte Kategorie vor, die im Leben von Bedeutung ist – und möglichst oft den Vorzug haben sollte: die guten Dinge. Natürlich nicht nur Dinge, sondern meist lebenswichtiger: vor allem Menschen. Im Anschluss an Emerson lautet mein Prinzip und meine Devise:

- **Suche gute Orte auf.**
- **Suche gute Menschen auf.**
- **Mach gute Dinge.**

Das dritte Kriterium

Suche die Häuser und Menschen auf, die gut sind. So lädst du den Magneten auf. Mache das zuerst. Mit Neugier und mit Nachdruck. Gehe dafür Umwege. Nimm verlängerte Fahrzeiten in Kauf. Mach das, so oft es geht. Immer wieder. Die guten Dinge haben neben den dringenden und den wichtigen einen eigenen Platz verdient. Zunehmend werden unter den guten auch wichtige sein. Manchmal auch dringende. Dieses Prinzip verwandelt dein Leben. Und irgendwann die Dinge, die du tust.

Fangen wir mit eher Nebensächlichem an. Es gab früher einen Restaurantführer für Italien, der hieß Veronelli. Ihn gibt es immer noch. Aber jetzt wird er von anderen Menschen herausgegeben, die nach anderen Prinzipien arbeiten. Vordem hat Luigi Veronelli das selbst gemacht. Die Lokale waren in der Regel von ihm selbst ausgesucht. Und mit seinen unverwechselbaren Kommentaren und Zeichen versehen. Da gab es zum Beispiel die Kategorie »Veronellis Lieblingsrestaurants«. Diese mussten nicht irgendwelchen teuren Standards genügen. Sie konnten klein, unscheinbar sein, mit wenig Personal auskommen. Sie brauchten keine Luxus-Accessoires. Dafür wurde vorzüglich gekocht. Darauf konnte man sich verlassen. Und oft gab es im kurzen Begleittext noch ein paar Hinweise: Zwei Straßen weiter findest du guten Ziegenkäse. Oder: Ein paar Häuser weiter bietet der Imker seinen guten Honig an. Wie köstlich er schmeckt.

Ich habe mir seit dieser Zeit angewöhnt, auf meinen Routen nicht nur geeignete Hotels auszusuchen. Sondern zugleich nach anderen Orten zu suchen. Sofern es terminlich möglich ist. Orte, wo gut gekocht wird, zum Beispiel Slow-Food-Restaurants, und Hofläden, in denen Produkte der Region angeboten werden. Gärten oder Klosteranlagen, in denen ich innerlich auftanken kann. Orte und Häuser, in denen Menschen wohnten, die mir etwas bedeuten. Wie beispielsweise der italienische Ort Arqua Petrarca, in dem Petrarca in seinen letzten Lebensjahren in einer von ihm selbst konzipierten kleinen Gartenvilla wohnte. Und wenn in der Nähe der Unterkunft noch ein Gewässer ist, in dem ich schwimmen kann, umso besser.

Und im Geschäftlichen, funktioniert das dort auch? Das kann nur jeder für sich beantworten. Es wird Phasen geben, da werden wir froh sein, nur das Dringende zu meistern. Das Dringendste. Da schieben wir das Wichtige. Und das muss so sein. »Wenn es brennt, müssen wir löschen«, könnte ich hier einfügen.
Doch schon bei diesem Bild fällt uns allen ein, wie oft es in den vergangenen Jahren gebraucht wurde. Von ganz unterschiedlichen Akteuren, in ganz unterschiedlichen Kontexten. Bei komplexen Herausforderungen, denen wir versuchen zu begegnen. Ob als Unternehmer oder als angestellter Mitarbeiter. Im Team oder in der Familie.

Gerade dann, wenn wir ziemlich in Bedrängnis sind, ist es manchmal hilfreich – das ist jedenfalls meine Erfahrung –, wenn irgendjemand die Hand hebt und fragt: Was von all dem, was wir da gerade machen, ist wirklich gut?
Oder auch: Was macht Freude? Uns und den anderen, mit denen wir zu tun haben? Den Kunden, den Nachbarn, den Patienten, den Klienten, den Partnern, den Freunden, den Bürgern, vor allem den kommenden Generationen?

DAS DRITTE KRITERIUM

dringend   *wichtig*

gut

KONZENTRIEREN

Dieses Feld im Leben *größer machen*

Mein persönliches Prinzip

Noch einmal hinschauen. Mit wenigem auskommen. Aus wenigem etwas Gutes machen.

Das ist nicht leicht. Vor allem, wenn wir in der Regel etwas anderes gewöhnt sind. Verlustaversion nennt die Verhaltenspsychologie die Folgen der ersten Gewöhnung.

Bei der zweiten Gewöhnung handelt es sich um einen anderen Mechanismus. Keine Aversion, sondern eine andere Prägung. Der Reflex ist: Unbedingt aus allem mehr machen. Mehr Land, mehr Wohlstand, mehr Autos, mehr Wohnungen, mehr Geld.

Lebenskunst durchbricht diese Gewohnheiten. Was auch immer sie anstellt. Wichtiger als »mehr« ist ihr »gut«.

Das ist jedenfalls mein ganz persönliches Prinzip. Das ist mir erst richtig klar geworden, als ich begonnen habe, dieses Buch zu schreiben.

Ich habe nie eine Arbeit – von der ich etwas verstehe – angenommen, ohne dieses Prinzip zu beachten. Nicht immer sofort bewusst, meist zunächst eher intuitiv. Und oft mit Zweifeln verbunden. Aber im Innern wusste ich irgendwie: Am Ende wird etwas Gutes herauskommen. Auch wenn ich während des Prozesses unsicher war, ob es mir glücken würde. Ob wissenschaftliche Arbeit, Strategie, Innovation, Gründung, Vortrag, Moderation, Veranstaltung, Netzwerk oder einfach das persönliche Gespräch.

Wer auch immer mich beauftragt hat oder ob ich mich selbst beauftragte – wir alle konnten uns darauf verlassen, dass irgendetwas Gutes entsteht. Das vorher so nicht geplant war. Nichts Riesiges, Weltbewegendes, aber jedes einzelne Stück. Die meisten »fühlen« sich auch heute noch gut an. Das ist mir vor ein paar Tagen durch den Kopf gegangen, als ich ein Exemplar meiner Arbeit *Die Verwandlung der Welt* in die Hände nahm, das erste vernetzt geschriebene Buch über die digitale Transformation, wenn ich es richtig sehe. Der Arbeitstitel hieß ursprünglich »Realität und Virtualität«. Der schließlich gefundene Titel war Programm. Viel mehr, als ich damals ahnte. Und er steht für das, was ich unter Lebenskunst verstehe:

Verwandle die Dinge. Transformiere sie. Sorge dafür, dass sie durch den kreativen Prozess im positiven Sinne umgewandelt werden. Sodass sie dir und anderen Freude machen, wenn du sie aus der Hand gibst.

Woran merken wir das? An der Resonanz. Das kann jeder für sich überprüfen. Jede Gründerin und jeder Gründer, jeder Unternehmer und jede Unternehmerin, jede Entwicklerin, jede Ingenieurin, Architektin, Künstlerin, jede Autorin und jeder Speaker: »Fühlen« sich die die Dinge noch nach zehn, zwanzig oder mehr Jahren gut an? Können wir sie heute noch in die Hand nehmen? Und vor allem in andere Hände geben? Sind sie noch frisch? Oder längst veraltet wie die News vom letzten Tag?

Ich weiß, dass das »mehr« ein unglaublich wichtiger Antrieb ist. Ökonomisch, unternehmerisch, sportlich. Nach mehr Wohlstand streben, nach mehr Effizienz streben, nach mehr Gewinn streben. Ich habe überhaupt nicht vor, dieses menschliche Streben kleinzureden. Ich glaube nur, dass es noch andere Antriebe gibt. Auch für Unternehmen. Und dass diese heute wichtiger werden. Wie die Freude, die darin besteht, etwas einfach gut zu machen.

Und diese Freude, es gut zu machen, hält sich nicht an die alten Kategorien von produzieren oder konsumieren. Sie sagt:
Sorge dafür, dass etwas gut wird. Dann kann es auch gut alt werden. Was gut alt werden kann, ist nachhaltiger.
Und: Verbrauche Energie nicht nur. Wandle Energie um. Erzeuge erneuerbare Energie. Auch metaphorisch gesprochen.

Eine Nummer kleiner

Was ich vorschlage, ist kein betriebswirtschaftliches oder volkswirtschaftliches Modell. Es ist eine Empfehlung an uns selbst, sich in der eigenen Entwicklung auf veränderte Umstände einzustellen. Zu denen Knappheit, globale Krisen und Begrenztheit der natürlichen Ressourcen gehören. Und mit dieser Einstellung im eigenen Umfeld positiv gestaltend zu wirken.

Ich habe von »gut« gesprochen. Nicht von »besser«. Nicht davon, »to make the world a better place«. Diese Worte waren mir immer ein wenig unheimlich. Sie erschienen mir zu groß, manchmal zu großartig.

Viele haben sich in den vergangenen Jahren zu viel vorgenommen. Zu viel angekündigt. Zu viele großartige Pläne und Projekte versprochen. Zu groß geredet. Wir sind jetzt oft mit den Folgen konfrontiert. Das trifft manche sehr schwer.

Lebenskunst misstraut dem, was sich für zu groß hält. Oder was zu groß geredet wird. Wo das Große der Maßstab ist, wird oft übersehen, was im Kleinen heranwächst. Wo etwas erfunden, ganz neu entwickelt wird, was bislang nicht für möglich gehalten wurde. Zum Beispiel in kleineren oder mittelständischen Unternehmen.

Rainer Hönig war Deutschland-Chef von Rolls-Royce, als wir uns kennenlernten. Dann machte er sich selbstständig. Er fing noch einmal von vorne an. Klein. Selbstorganisiert. Er begann etwas, das ihm noch mehr Freude machte.
Das hat mir sehr imponiert.
»I get involved – where my heart beats«, beschreibt er seine neue, selbstgewählte Tätigkeit. Er hat längst seinen Job bei Rolls-Royce aufgegeben, um

sich ganz einer eigenen, alternativen Vision der Mobilität zu widmen, die dem Kreislaufprinzip verpflichtet ist. Er gründete das Start-up »Betteries«. Die Idee: bereits genutzten E-Auto-Batterien ein zweites Leben zu ermöglichen. Mit diesen »Betteries« wird nicht nur Recycling, sondern Upcycling möglich. Sie sind vor allem für E-Tricycles bzw. Rikschas konzipiert, die zum Beispiel von afrikanischen oder indischen Arbeiter:innen genutzt werden. Oder für Fischerboote, mit denen Fischer:innen besser ihre Aufgabe erfüllen. Sie können lang- oder kurzfristig gemietet werden. Es sind rundum durchdachte, praktikable Systemlösungen. 2022 wurde die betteries AMPS GmbH als »Technology Pioneer« vom World Economic Forum ausgezeichnet.

Das Kleine wahrnehmen

Kurz vor dem Ausbruch der Coronapandemie war ich von Google in das europäische Headquarter nach Zürich geladen; für eine Keynote vor einem von Google ausgewählten Kreis von Unternehmern und Topmanagern. Ich war ein wenig aufgeregt. Die Google-Mitarbeiter, die das Event sorgfältig geplant hatten, waren es auch. Vor mir sprach ein Manager, den ich kannte und schätzte. Er sprach sehr anschaulich über die wichtigsten Technologietrends. Besonders über den bevorstehenden Durchbruch des Quantencomputings, the next big thing. Den Erfolg des eigenen Quantenrechners ließ er nicht unerwähnt. Er führte aus, das mooresche Gesetz gehe dem Ende entgegen.

Ich habe ihm freundlich und kollegial widersprochen. Ich habe die Aussage ein wenig infrage gestellt.
Wenige Wochen zuvor war ich in Ditzingen eingeladen und hatte bei Trumpf einen Vortrag gehalten. Daher hatte ich etwas mitbekommen von den Durchbrüchen, die Trumpf, Zeiss und das niederländische Unternehmen AMSL in der EUV-Lithografie erzielt hatten, mit der die Herstellung der nächsten Chipgeneration möglich ist. Und ich hatte mit dem Chefentwickler gesprochen. Die Technologie ermöglicht es, extrem ultraviolettes (EUV-)Licht mit einer Wellenlänge von 13,5 Nanometern für den industriellen Gebrauch zu gewinnen. Der deutsche Mittelständler Trumpf liefert dabei mit dem Laserpuls die Grundlage für die Fertigung künftiger Mikrochips. Das mooresche Gesetz gilt noch eine Weile weiter.

Trumpf hat nicht so viel Aufhebens gemacht. Es wissen von dieser Technologie bis heute nicht so viele. Und trotzdem haben die Ditzinger den großen Playern erfolgreich Paroli geboten. Sie haben sich, ihre Prinzipien und ihre Werte nicht verbogen. Bei aller Flexibilität. Nebenbei haben sie auch noch eines der vielversprechendsten deutschen Start-ups mit aufgebaut, um in den nächsten zehn bis fünfzehn Jahren den Quantencomputer industrietauglich zu machen.

Natürlich gilt es, in den disruptiven Entwicklungen dieser Zeit die Spielregeln zu kennen, zu verstehen, wie die Spiele funktionieren, und zu lernen, zu skalieren.
Auch das Marketing lässt sich optimieren. Aber ich empfehle, nicht alles zu glauben, was groß angekündigt wird. Und schon gar nicht das eigene Leben danach auszurichten.

Jede Einzelne, jeder Einzelne

Die IT- und KI-Technologien haben in den vergangenen Jahren gigantische Fortschritte gemacht. Und mit jedem Fortschritt wird Technologie noch beeindruckender.
Hier ist ein Feld, auf dem das »Immer mehr« seine Berechtigung hat. Ohne immer größere Datenmengen kein Fortschritt dieser Technologien. Bislang. Für KI-Systeme bzw. für das Machine Learning als Teilbereich der KI gilt: Sie haben einen Hunger nach Daten. Sie müssen ständig gefüttert werden. Ob in der medizinischen Spitzenforschung oder in der Anwendung in Unternehmen durch Machine Learning Operations und die dadurch optimierten Geschäftsmodelle, Produkte und Services.
Wo dies geschieht, lernen diese Systeme unglaublich viel und unglaublich schnell. Deshalb wird Technologie vieles übernehmen und uns sehr viel abnehmen. In der Arbeit, im Haushalt, im Verkehr, in der Medizin.

Aber sie kann uns nicht die innere Haltung abnehmen. Wenn wir sie nicht dazu ermächtigen. Und nicht die Kräfte, die sie speisen. Wenn wir nicht alles für bare Münze nehmen, was so über sie berichtet wird. Marketinggetriebene Überschätzungen. Und zugleich Unterschätzungen.
Hier komme ich noch einmal zurück auf die Pantomime des Anfangs: »Der Ingenieur und der Roboter«. Der Ingenieur bringt dem Roboter vieles bei.

Zumindest glaubte er es, weil dieser alles wiederholt. Zum Schluss versucht er, ihm das Lieben beizubringen. Der Roboter macht mehrere Ansätze und bricht die Bewegung, die einer Umarmung ähneln soll, immer wieder ab. Am Ende erwürgt er den Ingenieur. Ziemlich melodramatisch. Eine jugendliche Übertreibung. Aber sie trifft manches. Bis heute, wie ich glaube. Und vermutlich noch eine Weile. Ich wage da keine Prognosen.

Künstliche Intelligenz ist nicht menschliche Intelligenz. Künstliche Intelligenz ist nicht künstlerische Intelligenz. Sie ist anders. Sie ist uns in vielen Belangen haushoch überlegen. Aber sie liebt nicht. Sie hat keinen Körper und sie hat kein Bewusstsein. Sie ist nicht schöpferisch. Jedenfalls nicht in unserem Sinne.

Zwei junge Menschen, Buddy und seine Freundin, gehen in den *Weihnachtserinnerungen* von Truman Capote in den Wald, um einen Baum zu schlagen. Als sie mit einem zurückkommen, will der reiche Mühlenbesitzer des Ortes ihn sofort kaufen, weil er so gut gewachsen ist. Er sagt, die beiden könnten sich ja einen neuen schlagen. »Das bezweifle ich«, sagt Buddys Freundin. »Es gibt alles nur ein Mal.«

Je mehr Technologie wir einsetzen, desto wichtiger wird Lebenskunst.

Light from within

Es gibt die in Führungsseminaren gern zitierte Anzeige von Ernest Shackleton vor seiner Antarktisexpedition: »Männer für eine waghalsige Reise gesucht. Geringe Löhne. Extreme Kälte. Monatelang völlige Dunkelheit. Permanente Gefahren. Sichere Heimkehr ungewiss. Ehre und Ruhm im Erfolgsfalle.« So warb Shackleton Expeditionsteilnehmer für die Fahrt ins Ungewisse an. Mehr als 5000 Bewerber wollten mitmachen. Vielleicht nicht ganz so spektakulär, aber ungemein aufschlussreich war die Art und Weise, wie Shackleton die Crew auswählte. Wichtig waren für ihn neben den technischen Fähigkeiten und der Leistungsfähigkeit Charakter, Begeisterung, Teamfähigkeit, Optimismus. Und die Fähigkeit, zu singen, Gedichte aufzusagen oder Geschichten zu erzählen. Er, der selbst John Keats und Robert Browning zitierte, wusste, dass es in den Wochen voller Dunkelheit noch um etwas anderes ging. »We look for light from within.«

»Schönheit und alle Werte, die sich aus der Schönheit ergeben, werden nicht gemessen und in Dollars aufgewogen.« So hat es Rachel Carson beschrieben, Biologin, Meeresforscherin und Begründerin der Ökologie. Ich würde sie und Shackleton gerne auf die Lister derer nehmen, die der Magnet uns anzeigt.
Auch das hat etwas mit dem dritten Kriterium zu tun.

Nicht Mainstream (noch nicht)

Ich weiß: Das dritte Kriterium ist nicht Mainstream. So wenig wie vor zwei, drei Jahrzehnten Bio, Green oder Nachhaltigkeit Mainstream waren. Aber wenn ich die Zeichen an den Wänden unserer Büros, unserer Städte und unserer Systeme richtig deute, gibt es eine Sehnsucht danach. New Work ist ein Ausdruck davon.
Zudem gibt es eine Sehnsucht nach Unterbrechungen, nach Auswegen aus den Zonen der Erschöpfung, in die uns der Mainstream manövriert hat. Nicht immer, aber immer öfter.

Zwischendurch eine Pause einlegen, haltmachen, rasten – das ist lebensnotwendig. Gerade wenn wir Höchstleistungen erbringen. Jeder entwickelt dafür seine eigene Strategie. Die einen finden Ruhe und Ausgleich in der Natur, die anderen in der Kunst, wieder andere in der Gartenarbeit. Oder in der Gemeinschaft mit Freunden. Im Verein. Im Engagement als Bürger. Beim Sport. In der Nachbarschaftshilfe. In der Pflege anderer. Bei der Gestaltung schöner Dinge. Oder einfach in der Freundlichkeit. Wenn wir das tun, entwickeln wir das dritte Kriterium. Bewusst oder unbewusst.

Das stimmt mich optimistisch. Und Lebenskunst wäre keine Kunst, wenn sie sich durch den Mainstream einschüchtern ließe. Sie verwandelt Dinge. Sie ist optimistisch, weil der schöpferische Prozess in sich ein optimistisches Moment enthält.
Weil es ihr Metier ist, in schwierigen Situationen schöpferisch zu sein, Erleichterung zu schaffen, etwas Neues zu schaffen, etwas zu erfinden. Wie Unternehmer das tun. Die Lebenskunst ist mit der unternehmerischen Philosophie und Praxis eng verwandt.

Der Verbündete, der alles von uns will

Dabei hat sie grundsätzlich einen mächtigen Verbündeten. Die neuen Technologien.

Sie sind leichter als die alten. Bits statt Atome. Sie nehmen uns schwere Dinge ab. Ihre Tools machen vieles leichter. Das muss ich hier nicht ausführen. Wäre da nicht die Macht – und die Neigung der Macht, mehr Macht haben zu wollen. Und die Möglichkeit der neuen Technologie, die gleichsam in sie eingebaut ist, mittels Plattformen in kaum vorstellbarer Weise noch mächtiger zu werden. Dann kann es passieren, dass der Verbündete nicht unser Freund ist. Er verspricht uns Erleichterung, aber tatsächlich überwältigt er uns. Er lässt uns keine Minute allein. Er will viel von uns. Vor allem das Wichtigste, was wir in unserem Leben haben: unsere Zeit.

Im Sommer 2022 ging die Meldung durch die Medien, dass der frühere CDU-Generalsekretär Peter Tauber sich aus der Politik zurückgezogen habe, nachdem bei ihm eine schwere Darmerkrankung diagnostiziert worden war. Der dauernde Stress hat ihn krank gemacht. Lange Zeit hat er das gar nicht gemerkt. »Ich hab mich irgendwann dabei ertappt, dass ich quasi nur noch funktioniert habe. Also dieses Work-Eat-Sleep-Repeat. Und dann stumpft man ab. Man hat nicht mehr die Sensibilität, die man eigentlich braucht, wenn man mit Menschen umgeht«, so Tauber. Jetzt spricht er – wie Sahra Wagenknecht über ihren Burn-out – offen darüber. »Erstens ist man ständig unter Beobachtung – alles wird sozusagen öffentlich bewertet und kommentiert. Nicht nur in sozialen Netzwerken, sondern auch durch Medien. Und zweitens: Auch das Wochenende ist nicht frei …«

Zahlreiche Studien zeigen, dass viele Menschen nicht mehr so unabhängig sind, wie sie es gerne wären. Das gilt für Erwachsene. Und vielleicht noch mehr für Kinder und Jugendliche. »Sometimes I make choices. Sometimes they make me«, wie es in einem Song von Ben Harper & Charlie Musselwhite heißt.

Lebenskunst ermuntert uns, auszubrechen, Routinen zu unterbrechen, etwas anderes auszuprobieren, aus wenigem Gutes zu machen. Ohne zu wissen, was daraus entsteht.

Dieses Ausprobieren des dritten Kriteriums ist für mich die wirklich spannende dritte Dimension unseres Lebens in dieser Zeit. Wissend, dass sie mit einer anderen dritten Dimension konkurriert, die technologisch konstruiert und von sehr Mächtigen vorangetrieben wird. Mit vielen Verheißungen. Vielen Choices.

Das große Versprechen

Wir spüren alle: Die Welt wird nicht langsamer. Die Dinge werden nicht weniger. Die Belastung wird für die meisten nicht geringer. Während ich diese Zeilen schreibe, sind wieder im Minutentakt mehrere digitale Einladungen zu Events eingegangen. Jede dieser Einladung enthält Informationen, Versprechungen, Aufforderungen. Alle geben sich ganz wichtig oder dringend.

Meistens geht es um Veränderungen, um Transformation, um Innovation, um Neuerungen oder um Lernen. Zunehmend auch um eine neue virtuelle Dimension, um »den Aufbruch in die dritte Dimension«, wie es im Marketing heißt.
Also um das Metaverse, das spätestens seit der South-by-Southwest-Konferenz 2022 in Austin und dem Online-Marketing-Rockstars-Festival (OMR) 2022 in Hamburg nun wirklich als Hype erkannt ist und durch viel Berichte, Blogs und Podcasts schwirrt.

Es wird alle Bereiche umfassen: Arbeiten, Lernen, Spielen, Unterhaltung. Sagen wir: fast alle. (Auch hohe Verluste in der Anfangsphase werden vermutlich den Expansionsdrang nicht zügeln.) Ähnlich wie die KI und gekoppelt mit ihr wird diese Entwicklung sich nicht eingrenzen lassen. Große Rechner und große Datenmengen vorausgesetzt. In der Industrie – der Industrie 4.0 – war manches davon schon länger ein wichtiges Thema. Stichwort »digitale Zwillinge«.

Die Dinge verdoppeln sich. Alles wird in der virtuellen Welt noch einmal gebaut. Konferenzräume, Pausenräume, Spielräume und die Werkzeuge, um die relevanten Themen zu bearbeiten. Nicht zu vergessen die virtuellen Doppelgänger, die Avatare. In unterschiedlicher Präsenz und Ausstrahlung, je nachdem, wie viel wir in sie investieren. Wenn wir uns das leisten können.

Das sind fantastische neue Möglichkeitsräume und Innovationschancen. Auf der einen Seite. Das sind schwindelerregende Realitätsausdehnungen und Belastungssteigerungen. Auf der anderen Seite.

Die einen sind begeistert, neue Instrumente in die Hand und vor ihre Augen zu bekommen, um neue Welten zu erschließen, um noch mehr virtuell zu sehen und herstellen zu können.
Die anderen machen sich Sorgen, ob sie all die vielen Informationen noch richtig aufnehmen und die noch komplexer werdenden Anforderungen werden verarbeiten können. Manchmal sind die einen auch die anderen. Die Erschöpfung wird dadurch nicht geringer.

Lagerfeuer

Die Macher des Metaverse und ihre Multiplikatoren haben das natürlich mitbekommen. Mir ist aufgefallen, dass in den Blogs und Berichten in diesen Tagen ein Wort besonders oft fällt: »Lagerfeuer«!

Ein uraltes Bild. In der neuen Welt. Es schwingt auch da eine Sehnsucht mit. Es ist eine spielerische Suggestion. Gesell dich zu uns. Mach eine Pause. Wenn du erschöpft bist, kommst du zu uns ans Lagerfeuer. Du kannst dich von der Jagd ausruhen und wärmen.

Wir spüren, wie stark ein Bild sein kann. Anziehend und mächtig. Mit der Arbeit und dem Leben spielerisch verbunden. Verführerisch.

Das ist für mich eine der interessantesten Botschaften des Metaverse. Noch bevor dieses neue Gebilde fertig, richtig entwickelt ist, wird schon an einem Narrativ gearbeitet, dass die Unterbrechung, die Pause, das gemeinsame Innehalten als Versprechen enthält und damit wirbt.

So ähnlich wie der Claim aus den 90er-Jahren: »Hier tanken Sie auf!« 1999 gewann die dafür verantwortliche Agentur einen goldenen Effie, den begehrtesten Preis der Werbung. In diesem Jahr fing ich an, mich mit den zu erwartenden neuen Welten der Virtualität zu beschäftigen. Und dazu schrieb ich: »Wenn wir aber nicht wissen, ob wir uns an etwas halten können, ist es da nicht ganz gleich, woran wir uns halten?«

Aus heutiger Sicht formuliert: Können wir glauben, am virtuellen Lagerfeuer einen echten Halt machen zu können? Und dabei einen Halt zu finden? Werden wir am nächsten Tag weniger schwindelig und erschöpft sein?

Und weiter gefragt: Welche Geschichten werden wir am Lagerfeuer erzählen?
Zunächst sicher keine anderen als die, die wir auch sonst erzählen. Was so passiert ist in letzter Zeit. Wo etwas glückte. Wo nicht. Wie das Zusammenspiel geklappt hat. Wo wir uns verbessern können. Und so weiter. Wir werden das kollegial tun. In bunt gemischten Teams. Manchmal achtsam. Niemand wird mehr vorne dozieren und uns nach den Inhalten des Lehrbuchs fragen. Wir werden unser Wissen und unsere Erfahrungen teilen.

Aber während wir das tun, werden noch andere Fragen auftauchen. Wie sie schon immer am Lagerfeuer auftauchten, wenn Menschen nach getaner Arbeit zusammenkamen. Zum Beispiel:
Woher wir kommen und wohin wir gehen.
Wer wir sind. Woher das Feuer kommt.
Und das Feuer in uns. Was unser Leben ausmacht.
Was uns autark macht. Was uns traurig stimmt.
Was uns lachen macht, zufrieden macht, manchmal glücklich macht.
Wie wir uns selbst erkennen können.
Kinder werden uns noch manche weitere Fragen stellen.

Cornelia Funke wurde einmal gefragt »Wie kann man Kindern erklären, was gerade Böses in der Welt geschieht?« Ihre Antwort: »Kinder wissen, dass die Welt schrecklich sein kann, und sie wollen, dass man darüber die Wahrheit sagt und zugibt, dass wir das ebenso wenig verstehen. Das macht viel weniger Angst als das Gefühl, dass Erwachsene sie über die Welt belügen.«

Ernährungsumstellung

Es wird viele Influencer geben, die diese Fragen für uns beantworten wollen. Sie werden uns versprechen, uns möglichst schnell mit den richtigen, wahren, glücklich machenden Produkten und Geschichten zu versorgen. Die wir wie in einem Bahnhofsimbiss oder an einer Autobahntankstelle ohne lange Einkehr zu uns nehmen können. Wie in der kleinen Geschichte:

Kommt ein Mann in eine Bahnhofsschänke, bestellt etwas und sagt dazu: »Ich hab's eilig. Ich muss weg.« Darauf die Wirtin: »Nehmen Sie das Fischbrötchen. Das muss auch weg.«

Manchmal brauchen wir noch etwas anderes. Eine andere Form des inneren Auftankens. Mit anderen, erneuerbaren Energien. Die äußere Energiewende braucht eine innere Entsprechung. Eine Umstellung unserer geistigen Ernährung, so wie viele begonnen haben, ihre materielle Ernährung umzustellen. Wie sieht eigentlich unsere geistige Ernährungspyramide aus?

Água

Der gesundheitsbewusste Cristiano Ronaldo hatte bei einer Pressekonferenz während der Europameisterschaft 2020 die Colaflaschen beiseitegeschoben. Stattdessen hielt er eine Wasserflasche hoch. Er wolle klares, gesundes »Água« sehen. Das hat nicht jedem gefallen. Auch wenn man sagen kann, ein Ronaldo konnte sich damals so etwas leisten – ich fand es mutig.

Ich plädiere dafür, dass wir es bei der Versorgung mit geistiger Energie ähnlich machen. Einfach mal die industriell abgefüllten Highmacher, das süße oder fette Zeug beiseiteschieben. Vielleicht dürsten wir ja auch nach klarem Wasser.

Ich nenne es: zurück zu den Quellen. Welche das sind, wird jeder für sich herausfinden. Wir spüren selbst, was uns guttut und uns bei der Regeneration hilft.
Zum Beispiel auf diesen vier Feldern, die ich vor allem sehe:

1. Die Natur, in allen Farben, zu allen Jahreszeiten
2. Unsere Beziehungen, die echten Gespräche mit anderen, nicht das Geräusch
3. Die Kunst, die Musik, die Literatur, die Gedichte und die Geschichten
4. Die Philosophie, das Schauen, das Staunen, das Fragen und das Gespräch

Und das gewürzt mit ein wenig Freundlichkeit. Mit Lachen. Und mit Leichtigkeit. Das würde ich mir wünschen. Wenn es denn zu machen wäre, um einen Weimarer Lebenskünstler beim Wort zu nehmen, der in schwieriger, kriegerischer Zeit die Staatsgeschäfte führte: »Man sollte alle Tage wenigstens ein kleines Lied hören, ein gutes Gedicht lesen, ein treffliches Gemälde sehen und, wenn es möglich zu machen wäre, einige vernünftige Worte sprechen« (Goethe).

Mindset

Ich habe über Einstellungen, innere Bilder und Prinzipien gesprochen und diese vorangestellt. Sie schwingen für mich mit, wenn ich über Lebenskunst in dieser Zeit rede. »Vorangestellt« heißt nicht, dass sie stets Vorrang hätten. Dass wir sie bei jeder Handlung wie ein Banner vor uns hertragen sollten. Wir sollten sie nutzen, aber nicht so streng handhaben. Sie sind kein verbindliches, festgemauertes Lehrgebäude. Sie sind Anregungen, Vorschläge, die uns helfen, eine sich verändernde Wirklichkeit wahrzunehmen und damit stimmig, flexibel, schöpferisch umzugehen.

Sie haben etwas mit dem zu tun, was wir manchmal auch Mindset nennen. Was Denkweise, Haltung, Orientierung und Einstellung umfasst. Was vor allem von Erfahrungen geprägt ist – und zugleich prägt, wie wir neue Erfahrungen machen. Das Wort »Einstellung« macht das ziemlich gut deutlich: Wie ich eingestellt bin bzw. wie ich mich einstelle, beeinflusst, was ich sehe und wie ich es sehe.

Lebenskunst ist Teil und Ausdruck eines dynamischen, veränderlichen Mindsets, das uns hilft, mit den Veränderungen in unserem Umfeld mitzuwachsen. In der Praxis. Das Entscheidende ist die Praxis.

Lebenskunst hat eigentlich nur ein Ziel: das Leben zu leben. Es wiederzubeleben, wenn es von tödlichen Routinen erstickt wird. Es wieder mit frischem Sauerstoff zu versorgen, wenn der Druck oder die Erschöpfung zu groß geworden sind.

Denn ob im Management, in der Verwaltung oder im privaten Umfeld: Die schönsten, ursprünglich lebendigsten Ideen werden tödlich, wenn ihre Kraft versiegt. Weil sie nur noch mechanisch angewandt werden, nur noch routiniert und seelenlos wiederholt werden. Es gilt, eine schöpferische Atmosphäre zu schaffen. Es braucht das Spielerische, das Experimentelle, das Freundliche, das Ausprobieren und immer wieder das Neuanfangen. »Schöpferisch« ist der Erschöpfung entgegengesetzt.

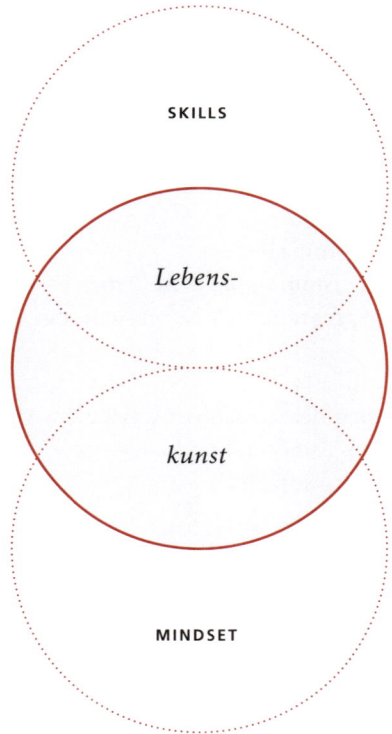

Lebenskunst weiß nicht mehr als das, was in vielen Einzeldisziplinen gewusst wird, was Wissenschaft und praktische Erfahrung wissen. Sie zehrt von diesem Wissen. Von den Skills und dem Können der Experten. Sie weiß nichts besser. Sie hat nicht recht. Und will auch nicht recht haben. Sie lebt vom Austausch. Manchmal nimmt sie etwas, manchmal gibt sie etwas. Manchmal findet sie etwas. Manchmal erfindet sie etwas. Und manchmal spendet sie etwas. Gerade in einer Zeit, in der so vieles austrocknet.

Es gibt deshalb auch nicht »den« Weg der Lebenskunst. Ich halte nichts von der einzigen richtigen Wahrheit. Sondern es gibt eine Mehrzahl und eine Vielfalt.

Ich habe sieben ausgewählt, die für mich persönlich, für mein Verständnis von Lebenskunst besonders wichtig sind. Sie haben sicher auch etwas mit Entwicklung zu tun. Der siebte Weg, der Weg der Freundlichkeit, ist vermutlich nicht der erste, auf den man in jungen Jahren kommen würde. Er ist eher so etwas wie die Summe vieler Erfahrungen. Zugleich verweist er auf das Anfangen. Jeder wird spüren, wie das mit dem ersten Weg verbunden ist.

Zum Ende des ersten Teils hier die sieben Wege, um die es gehen wird, noch einmal im Überblick:

Zweiter Teil
Weg 1: Ja zum Leben. Trotz alledem.
Weg 2: Sinn. Und Eigensinn. Finde dein Metier.
Weg 3: Leichtigkeit. Sprezzatura als Lebenshaltung.

Dritter Teil
Weg 4: Energien verwandeln. Nachhaltig zirkulär.
Weg 5: Brücken bauen. Zuhörend und kooperativ.
Weg 6: Gestalten. Schön einfach.

Vierter Teil
Weg 7: Mit Freundlichkeit und kleinen Dingen. Alltägliche Gelegenheiten.

Zwischen den vier Teilen habe ich für die Leser:innen einen Halt eingeplant. Dort gibt es jeweils eine Raststation und einen Wasserspeicher.

Zu den Quellen

Wir haben nur eine Lebenszeit. Wir können sie neben der Arbeit mit vielen Beschäftigungen füllen. Wir können sie mit Unterhaltung füllen. Wir können abschalten, meditieren, nach draußen gehen, Zeit mit Freunden verbringen, Beziehungen pflegen, anderen etwas geben, uns als Bürger gemeinschaftlich engagieren. Und dabei ein paar Minuten reservieren für die geistig-seelische Ernährung.

Jeder wird sein Refugium, seine Art und seinen Ort finden. Wenn dies nur dazu dient, zwischendurch Halt zu machen und sich der ständigen medialen

Überwältigung zu entziehen. Dazu brauchen wir manchmal Kontemplation. Das bedeutet Alleinsein, nicht Einsamkeit. Und im Alleinsein mit anderen ins Gespräch kommen, die nicht bei uns sind. Oder zu einer anderen Zeit gelebt haben.

In diesem Sinne hat der Halt etwas mit dem Haltfinden, mit innerer geistiger Haltung zu tun. Ein paar Minuten am Tag hören, lesen, zu den Quellen gehen heißt, Lebenszeit zu schöpfen. Das hilft uns, schöpferisch zu sein, geistesgegenwärtig zu sein. Und nicht zu schnell zu erschöpfen. Wir füllen ein Reservoir der Lebenskunst auf.

Wasserspeicher

Legen wir Wasserspeicher an. Und füllen diese allmählich auf.
Wir können auch eine andere Metapher wählen. Je nach unseren persönlichen Neigungen. Zum Beispiel: Vorratsspeicher. Gewächshaus. Schatztruhe. Oder Weinkeller. Ganz nach Belieben.

Ich werde im Folgenden einige Vorschläge dazu machen. Mit Wasserspeichern nahe an den Quellen.

Beispielhaft nenne ich hier nur den ersten Speicher, der von einer der ergiebigsten Quellen der Lebenskunst gespeist wird. In all ihrer Vielfalt und Verschiedenheit. So wie das Leben vielfältig und verschieden ist. Ich bin tief davon überzeugt, dass die Philosophie für die Lebenskunst elementar ist, weil sie so viele elementare Fragen unseres Lebens berührt. Das ist ihr Metier. Fragen nach dem Woher und Wohin sind ihr Daseinsgrund.

Habe Mut! Sapere aude! Das ist der Leitspruch der Philosophie. So wie es der Leitspruch vieler ist, die sich ins Ungewisse, in unübersichtliches Gelände wagen, die neue Routen ausprobieren. Es gibt ein altes italienisches Sprichwort: Chi vuole dimostrare coraggio, deve prima ascoltare il saggio. (Wer Mut beweisen will, sollte zunächst dem Weisen zuhören.)

Das habe ich nicht von einem Berufsphilosophen, sondern von einer Pizzabäckerin aus Ravello gelernt, die gleichzeitig Philosophin war. So wie ich in meinem Leben unglaublich viel von Menschen gelernt habe, die ihr Handwerk verstehen. Und die gerade deshalb etwas von Philosophie verstehen. Mit großer Leidenschaft. Mit einem großen Herzen, mit Neugier und einem weiten Blick. Gärtner, Architekten, Ärzte, Ingenieure, Bauern, Weinbauern.

Mut haben heißt, den Weisen zu hören. Die Philosoph:innen zu hören. Nicht unbedingt die Fachphilosophen. Meine Erfahrung ist, gerade die Philosophen, die noch in anderen Fächern kundig sind, haben uns etwas über das Leben zu sagen.

Heilkundige Philosophen wie Viktor Frankl. Ökonomische Philosophen wie Adam Smith. Ökologische Philosophen wie Gregory Bateson. Politische Philosophen wie Hannah Arendt. Religionsphilosophen, Naturphilosophen. Philosophen, die das Leben und das »Weltwissen« ihrer Zeit studiert haben. Ohne eine Abkürzung zu nehmen. Und die Narren. Die sollten wir nicht vergessen.

Fangen wir an. Gehen wir den ersten Schritt.
Und gönnen wir uns zunächst einmal eine Pause.

Erste Raststation: Habe Mut!

Wo mache ich Rast?

Nach welchen Kriterien mache ich meine Zeitplanung?

Habe ich Zeit für Überraschendes?

Habe ich Zeit für Gutes?
Was wäre das beispielsweise für mich …

Um welche Themen kreisen meist die Gespräche mit Freunden?

Um welche Themen kreisen meine Gedanken, wenn ich allein bin?

Welche Fragen beschäftigen mich? Wenn ich nicht
im Hamsterrad bin?
Mit wem kann ich mich darüber unterhalten?

Mit welchem der unten stehenden Philosophen habe ich mich
in letzter Zeit »unterhalten«?

Wen würde ich gern einmal kennenlernen? Zum Beispiel durch
eine Lektüre oder einen Film?
Warum mache ich es nicht?

Wie oft stöpsele ich mich aus? Für wie lange?

Wann mache ich anderen wieder eine Freude? Welche?

Und mir? Welche?

Welche Idee geht mir noch durch den Kopf?
Was heißt das konkret für die kommende Woche?

Erste Raststation:
Wasserspeicher Philosophie

Oder: Die Mutigen. Einige Anregungen

◆ Wie **Thales von Milet**, der ausgelacht wurde, weil er scheinbar so unpraktisch war und beim Studium des Sternenhimmels in einen Brunnen fiel. Dafür hat er später durch seine Himmelsguckerei eine außergewöhnlich gute Ernte vorausgesagt und rechtzeitig die Ölpressen des Landes aufgekauft, die er in der Erntezeit an die Lacher vermieten konnte.

◆ Oder wie **Epiktet aus Nikopolis**, der erkannte, dass nicht die Dinge, sondern die Meinungen von den Dingen die Menschen beunruhigen. Der den Meinungen widersprach. Der empfahl, sich nicht abhängig zu machen von den physischen, materiellen Dingen, die nicht in unserer Gewalt sind. Und der deshalb seinen Schülern in Gesprächen etwas vom geglückten Leben mitgeben konnte.

◆ Oder wie **Sokrates**, eigentlich Steinmetz von Beruf, der auf den Straßen von Athen die Bürger in Gespräche verwickelte und nicht aufhörte zu fragen. Und der dafür später von den Athenern mit dem Tode bestraft wurde, das Angebot der Flucht nicht annahm, weil er den Tod nicht fürchtete, ein Leben ohne Philosophie für ihn aber sinnlos schien.

◆ Oder wie **Laotse**, der am Ende seines Lebens mit nichts dastand. Und nur durch Zufall bei einer Flucht außer Landes an der Grenze von einem Zöllner aufgehalten wurde, der ihn bat, seine Erfahrungen und Gedanken niederzuschreiben, die dann später um die Welt gingen.

◆ Oder wie **Kant** aus Königsberg. Der wusste, dass der Mensch aus krummem Holz geschnitzt ist und die Welt voller Teufel sein kann. Und der trotzdem das »Habe Mut« eines aufgeklärten, aufrechten Gangs vertrat. Er war der Erste, der die Möglichkeit eines Weltfriedens als Vision entwarf. Und drei Grundfragen der Philosophie formulierte: Was kann ich wissen? Was soll ich tun? Was darf ich hoffen?

◆ Oder wie **Hannah Arendt**, die bereits als Vierzehnjährige beschloss, Philosophie zu studieren. »Sonst wäre ich ins Wasser gegangen«, hat sie rückblickend gesagt. Die sich später bewusst als politische Philosophin verstand und vor allem im politischen Raum immer wieder für die Freiheit und für Neuanfänge stritt.

◆ Oder wie **Agnes Heller**, Hannah Arendts Nachfolgerin an der New School for Social Research in New York. Die sich mit der Renaissance, mit der Liebe, mit Dystopien, mit Diktaturen und mit Europa beschäftigt hatte und ahnte: »Die schwierigsten Zeiten liegen noch vor uns.«

Sich selbst entwickeln.

Weg 1: Ja zum Leben. Trotz alledem.

Weg 2: Sinn. Und Eigensinn.
Finde dein Metier.

Weg 3: Leichtigkeit.
Sprezzatura als Lebenshaltung.

Zweiter Teil

FINDE

SINN!

Weg 1: Ja zum Leben. Trotz alledem

Die Kraft der Vorstellung und der inneren Einstellung.
Die Enttäuschung. Sich nicht abhängig machen.
Die Fähigkeit, sich neu zu erfinden.

Es war vor einiger Zeit in London. Ein Galerist lud John Lennon ein, die Ausstellung einer japanischen Konzeptkünstlerin anzuschauen. Schon einen Tag vor der Eröffnung. Ohne Publikum. John Lennon war zunächst nicht besonders begeistert. Weder von der Künstlerin noch von den Objekten. Dann kam er in einen Raum, da stand nur eine Leiter. War die möglicherweise nicht rechtzeitig weggeräumt worden? Was sollte das?
Als John Lennon näher heranging, sah er: Von der Decke herab hing eine Schnur mit einem Vergrößerungsglas. Jetzt wurde er neugierig. Er stieg auf die Leiter und nahm die Lupe. An der Decke stand ein winziges Wort mit drei Buchstaben, das mit bloßem Auge nicht zu entziffern war: »YES«.

Dieses Wort und dieser Augenblick verwandelten alles. John Lennon verliebte sich in die Künstlerin, in Yoko Ono. Sie verliebte sich in ihn. Ungeplant. Später schrieb sie: »I wasn't expecting anything. But it worked, didn't it?!«

Er wiederum berichtete später, in dem Moment sei er irgendwie erleichtert gewesen. Eigentlich hatte er bei einem Objekt zeitgenössischer Kunst etwas anderes erwartet, vielleicht eher ein negatives Wort, »No« oder »Fuck«. Aber das »Yes« habe ihn umgehauen. Eine Leiter und drei Buchstaben. YES.

Dieses Ja lächelt nicht von der Plakatwand. Es hat auch nur entfernte Ähnlichkeit mit den Smileys, deren Versendung uns nicht mal ein Lächeln kostet. Wir müssen uns dazu bewegen, aufstehen, auf eine Leiter steigen, ein Hindernis überwinden. Manchmal ist die Leiter auch ein Berg, der vor uns steht und unüberwindlich scheint. Oder eine Brücke. Damit etwas passiert, müssen wir hinschauen. Nicht mal eben nur vorbeischauen.
Das Positive, das wir bei dem Wort »Yes« in dieser Geschichte noch heute

empfinden, hat etwas mit diesem Prozess der Annäherung und des genauen Hinschauens zu tun. Sonst wären es nur tote Buchstaben.

Wir Menschen haben ein besonderes Vermögen dafür. Es hilft uns, Zeichen in etwas Lebendiges zu verwandeln. Es hilft uns, Neues zu sehen oder Neues zu schaffen. Sei es in der Kunst oder in der Schule, in der Familie, in betrieblichen Abläufen oder bei der Erfindung neuer Produkte. Wir nennen es Vorstellungskraft, Imagination.

Außerplanmäßige Begegnungen

Kunst antwortet nicht auf die Frage: »Was will sie uns damit sagen?« Sie sagt etwas. Auch auf die Frage »Was kann ich praktisch damit anfangen?« antwortet sie nicht. Sie durchbricht diese Mechanismen. Wie das Leben. Und die Liebe. Sie durchbrechen unsere Pläne, Einordnungen und Routinen.

Sie sind kein Programm, das irgendjemand für uns entwickelt hätte. Das wir in unseren Charts oder Curricula nun nachbauen könnten. Deshalb lernen wir ja auch das Wichtigste für unser Leben in der Regel nicht in der Schule. Auch wenn Lehrplanentwickler das immer wieder hoffen. Und wenn ihre Hoffnung doch einmal in Erfüllung geht, ist es meist eine Überraschung. Es geschieht da, wo die Beteiligten sich lösen vom Vorgegebenen. Wo die Lernenden und die Lehrenden Muster brechen, rausgehen, Rucksäcke packen, sich konfrontieren mit der außerschulischen Wirklichkeit. Und dabei Begegnungen ermöglichen. Manchmal entstehen daraus Beziehungen. Irgendjemand verliebt sich ungeplant. Und das passiert zu allen Zeiten. In Friedenszeiten wie in Kriegszeiten, die in der Geschichte viel häufiger waren.

Muster brechen, wie Margret Rasfeld es immer wieder von Projekten aus der Evangelischen Schule Berlin Zentrum berichtet, wo sie bis 2016 Schulleiterin war, einer Schule mit einem innovativen Bildungskonzept, das auf die Entfaltung von Talenten setzt, auf Verantwortung und auch auf »entrepreneural spirit«. Oder wie Helga Breuninger bei der Arbeit in der Bürgerstiftung Stuttgart. Und Muster brechen heißt: manchem widersprechen, nicht einfach alles hinnehmen, was uns vorgesetzt wird. Von wem auch immer.

Vorstellungskraft

Vorstellungskraft ist nicht stets von Vorteil. Aber sie vermag viel.

Was ist Vorstellungskraft? Die Kraft, etwas zu imaginieren, was es bisher nicht gab. Oder was bislang nicht möglich schien. Zum Beispiel wenn die Tochter eines polnischen Molkereibesitzers, der in der Schweiz sein Handwerkzeug gelernt hat, die Produktion probeweise auf vegane Joghurts umstellt. Alle sagen: Die spinnt.

Die Spinnerin heißt Magdalena Kubit. Heute stellt der Betrieb nur noch vegane Joghurts her. Das Unternehmen Jogurty Magda expandiert und exportiert. Es exportiert vegane Joghurts in viele Länder Europas. Auch in die Schweiz.

Ich erzähle diese Geschichte nicht, weil ich Veganer bin. Sondern weil ich die Vorstellungskraft wunderbar finde, die etwas in Bewegung bringt, das vorher undenkbar war. Sie ist die Basis von Innovation und der Gegensatz zur Konvention.

Doch die Vorstellungskraft kann – auch das gehört mit zur Geschichte – in die Irre führen. Menschen können enttäuscht werden. Oft werden Jüngere enttäuscht. Oder fühlen sich enttäuscht. Von den Älteren, die sich das Neue nicht so recht vorstellen können. Oder die mit den Wörtern so hantieren, dass sie vor allem ihnen selbst nutzen.

Es war noch nicht die Zeit für vegane Produkte. Aber manche tierische Gewohnheiten der Erwachsenen fand ich blöd. Und die Geschichten dazu auch. Irgendwann in den ersten Schuljahren der Grundschule bekam ich die Aufgabe, einen Aufsatz über das Schlaraffenland zu schreiben. Wie sich die Erwachsenen das Schlaraffenland ausmalten, wusste ich natürlich. Das leuchtete mir aber nicht ein. Wieso mussten die Leute immerzu faul herumliegen und irgendetwas essen – meistens Tiere, die ihnen gebraten ins Maul flogen? Also malte ich in meinem Aufsatz ein ganz anderes Bild: ein Land, in dem die Luft so nahrhaft war, dass man sich von ihr ernähren konnte. Da konnte man immerzu herumspringen und Neues entdecken. Er hat eine blühende Fantasie, sagten die Erwachsenen und lächelten seltsam.

Zurück zu Yoko Ono und John Lennon. Als sie sich kennenlernten, hatte die Operation Rolling Thunder bereits begonnen. Der Krieg in Vietnam war in diesen Jahren einfach Realität, Normalität. Das musste so sein, hieß es.

Auch in der Schule wurde uns das erzählt. Fast überall konnte man das hören. Viele nickten: Ja, so wird es wohl sein. Auch ich habe dem nicht sofort widersprochen. Vielleicht auch, weil ich mit den US-Boys in Plittersdorf zusammen in der Little League Basketball spielte. Mit einem wunderbaren, glänzenden grünen Trikot, das so anders war als das blasse weiße Hemdchen, das wir in der Schulmannschaft bekamen. Da war der Krieg weit weg. (Wenn man Sport treibt, ist der Krieg oft weit weg.)

Gleichzeitig hatten wir längst begonnen, die Beatles zu hören. Die Stones und viele andere auch. Aber die Beatles waren damals der Maßstab. Ich habe nicht alles recht verstanden, was sie sangen und machten. Auch warum sie sich irgendwann auflösten, habe ich nicht verstanden. Und was John Lennon machte, erst recht nicht. Man muss ihn und Yoko Ono nicht mögen. Aber eines kann man beiden nicht absprechen: Sie hatten Vorstellungskraft.

John Lennon hatte irgendwann, vermutlich inspiriert von Joko Ono, eine völlig spinnerte Idee. Und er wusste es. Das Projekt hieß »Imagine«. Aufgezeichnet im September 1971. Die Vision einer Welt ohne Krieg. So ähnlich wie heute die Vision einer Welt ohne Klimakatastrophen. Was damals als Song und Albumtitel in Tittenhurst Park westlich von London entstand, als Yoko Ono alle Fensterläden öffnete, um Licht hereinzulassen, war dabei eigentlich nur ein Nachgesang der großen Zeit der Beatles. Niemand ahnte zu dieser Zeit, dass dieses Lied einmal so erfolgreich werden würde. Das Magazin *Rolling Stone* listet es auf Platz drei der 500 besten Songs aller Zeiten. Stell dir vor.

In seinem letzten Interview mit dem *Rolling Stone* sagte Lennon: »Wir waren nicht die Ersten, die gesagt haben, ›give peace a chance‹, aber wir tragen diese Fackel wie das olympische Feuer und geben sie weiter, von einem Träger zum nächsten, von einem Land, von einer Generation – und das ist unsere Aufgabe. Nicht einfach so zu leben, wie irgendjemand anderes meint, dass es richtig ist – reich, arm, glücklich, unglücklich, lächelnd, nicht lächelnd, mit der richtigen Jeans oder einer falschen.«

> »You may say I'm a dreamer
> But I'm not the only one
> I hope some day you'll join us
> And the world will be as one ...«

Eine Welt ohne Krieg? Das waren Träume. Erwachsene wussten das schon immer.

Kurze Zeit später war es vorbei mit den Träumen. Dann fielen in New York fünf Schüsse aus einem 38er Revolver. »Ich bin getroffen«, sollen die letzten Worte von John Lennon gewesen sein. Am 8. Dezember 1980.

Desillusionierung

Vieles hat sich als Wunschdenken herausgestellt. Die Geschichte ist voll von Enttäuschungen. Nicht erst in den letzten Jahrzehnten. Für die einen sind die Vorstellungen von einer Welt ohne Krieg zerplatzt. Für die anderen die Vorstellungen von einem Sieg westlicher Demokratien. Für wieder andere die Vorstellung von einer Welt ohne Hunger und Armut oder von einer ökologisch intakten Natur.

Die Frage ist nur: Was folgt nach der Desillusionierung. Ein Zurück? Wohin zurück? Fatalismus? Oder Zynismus? Was ist uns wichtig? Was treibt uns an? Was lässt uns hoffen?

Drei Beispiele – bitte ergänzen

Es dauerte mehrere Generationen, die Polis von Athen aufzubauen, die Wiege der Demokratie. Im 5. und 4. Jahrhundert vor unserer Zeitrechnung. Der Peloponnesische Krieg, der mit beispielloser Grausamkeit geführte antike Weltkrieg, machte das Aufgebaute spätestens zunichte. War es das Ende der Geschichte der europäischen Demokratie? Oder vielleicht ihr Anfang? Und wie viele Anfänge sollten noch folgen?

Joseph II. von Österreich verfasste als 22-Jähriger eine Art Manifest der Toleranz und Aufklärung. Sehr zum Leidwesen seiner Mutter Maria Theresia. Der Titel: »Träumereien«. Später hat er versucht, etwas davon in seinem Reformprogramm als Kaiser umzusetzen. Damit ist er in den meisten Punkten gescheitert. Andere haben manches davon umgesetzt. Heute gilt er als einer der weitsichtigsten Monarchen seiner Zeit.

Thomas Jefferson, Gründervater der Vereinigten Staaten, brachte nach einem Besuch in Frankreich während der Französischen Revolution ein paar Gedanken über die Zukunft der Demokratie zu Papier. Dazu gehörte die Idee der Unabhängigkeit der Generationen. Die Erde sollte jeder neuen Generation schuldenfrei und ohne Belastung übergeben werden. War diese Idee nur Utopie oder einfach zu früh?

Was folgern wir?

Die Vorstellungskraft wird im Laufe des Lebens komplexer. Die Realitätsprüfungen werden härter. Wenn es gut geht, helfen uns die Wissenschaft, der Austausch mit anderen und eine lernende, experimentelle Vernunft, zu einer entwickelten Urteilskraft zu finden. Die Träume wachsen nicht mehr in den Himmel. Das Leben wird es schon einrichten.

Das ganze Leben besteht, wenn wir es recht besehen, aus Enttäuschungen. Nur in größenwahnsinnigen Fantasien kommen Enttäuschungen nicht vor. Wäre es anders, gäbe es keinen Liebeskummer. Keine Niedergeschlagenheit. Keine verlorenen Fußballspiele. Keine verlorenen Wahlen. Keine Verzweiflung. Keine Krankheit. Kein Leid. Keinen Blues. Und kein Lernen, keine Innovation, keine kulturelle Evolution.

Stets werden Vorstellungen enttäuscht. Meist weniger schlimm, wenn wir bereit sind, sie zu ändern, weil wir früh gelernt haben, dass Leben komplex und vielfältig ist und dass dies Überraschungen und Veränderungen bedeutet.

Wir können unsere Vorstellungen ändern, anpassen an die veränderte Realität, an neue Systembedingungen. Wenn unsere innere Einstellung stabil und zugleich offen ist. Wenn wir in lebendigen Beziehungen sind und gute Gespräche mit anderen haben. Wenn wir geistig flexibel und unabhängig sind. Oder zumindest versuchen, es zu sein.

Wir können uns immer wieder neu erfinden

Das war für mich stets unterschwellig so etwas wie ein Lebensmotto: dass wir uns neu erfinden können.

Es ist die Vorstellungskraft, die uns hilft, wieder aufzustehen, herauszukommen aus dem Tal, uns nicht unterkriegen zu lassen. Wir stellen uns, auch wenn wir ganz verzweifelt sind, einen Ausgang vor. Wir sagen »Gute Besserung«. Wir haben Hoffnung. Wir sind ins Gelingen verliebt. Wir stellen uns vor, dass es morgen anders ist als heute. Das gilt für größere Krisen wie für kleinere. Ja zum Leben. Trotz alledem.

Da kommt mir ein anderer Song in den Sinn. Wir haben ihn x-mal gehört. Von Diana Krall oder von Ella Fitzgerald. Ursprünglich ein aufmunterndes Duett, ein gesungenes, witziges und getanztes Zwiegespräch von Ginger & Fred. Pick yourself up:

> »FRED:
> Please teacher, teach me something.
> Nice teacher, teach me something.
> I'm as awkward as a camel.
> That's not the worst.
> My two feet haven't met yet.
> But I'll be teacher's pet yet,
> 'Cause I'm going to learn to dance or burst.
>
> GINGER:
> Nothing's impossible, I have found.
> For when my chin is on the ground,
> I pick myself up, dust myself off,
> Start all over again.
>
> Don't lose your confidence if you slip.
> Be grateful for a pleasant trip,
> And pick yourself up; dust yourself off;
> Start all over again.«

Wie ersichtlich geht es um Tanz, um das Ausrutschen und Wiederaufstehen, um das Lernen und Sich-wechselseitig-Motivieren. Und um die Selbstironie.

Alles gute Zugaben, auch wenn es um gewichtigere Fragen geht.

Vorstellungskraft ist eine biegsame Kraft. Sie kann sich anpassen. Sie kann lernen.
Sie wird nicht gleich klagen oder andere anklagen, sondern zuerst fragen, sich selbst fragen: Haben wir vielleicht etwas übersehen? Was können wir daraus lernen? Wie können wir uns an die neuen Realitäten anpassen? Was können wir künftig besser machen? Welche Alternative gibt es, die wir bisher noch nicht bedacht hatten?

Das Ja und das Nein

»Ja zum Leben« heißt nicht, zu allem Ja und Amen zu sagen. Vielmehr Nein zu vielem. Vor allem zu Entwicklungen, die lebensfeindlich sind. Die den Tod bringen. Für Mensch und Natur. »Ja zum Leben« heißt, skeptisch zu sein, hinzuschauen und kritisch zu sein. Kritisch zu sein kann helfen, Krisen zuvorzukommen.

Wer zu allem Ja sagt, macht sich abhängig. Und Abhängigkeit kann zu einer tödlichen Gefahr werden. Das ist eine der wichtigsten Lehren der vergangenen krisenhaften Jahre. Überall. In der großen Politik, im unternehmerischen Handeln. In der Perspektive von Mitarbeiterinnen und Mitarbeitern. Und für viele auch im Privaten.

Manchmal wird aus dem Nein zu lebensfeindlichen Entwicklungen in dieser Zeit ein unmissverständliches »No!«. Ich kann das verstehen angesichts vieler Meldungen von sich überlagernden Krisen und Katastrophen. Wir werden eine »radikale Destabilisierung des Lebens auf der Erde« erleben, »massive Ernteausfälle, apokalyptische Brände, implodierende Volkswirtschaften, gewaltige Überschwemmungen, Hunderte Millionen Flüchtlinge aus Gegenden, die wegen extremer Hitze oder andauernder Dürre unbewohnbar geworden sind«, schrieb Jonathan Franzen schon 2020. Genauer gesagt, schrieb er nicht »wir«, sondern er formulierte dies aus Sicht der jüngeren Generationen, vor allem der unter Dreißigjährigen.

Dieses »No!« ist ein starkes, ein berechtigtes Nein. Das sehr besitzergreifend sein kann und jedes Ja zu übertönen vermag.

Die Frage der Lebenskunst an uns ist: Können wir beides dissoziieren? Sodass beides unabhängig voneinander seine Aufmerksamkeit bekommt? Andernfalls kann es geschehen, dass dieses Nein das Leben selbst herunterdrückt. Wir sind nicht mehr freundlich zum Leben, zu anderen, zu uns selbst. Wir verlieren die Freude und die Lust. Wir sehen überall nur noch die klimafeindlichen Verkehrsteilnehmer, die versiegelten asphaltierten Plätze, die Betonwüsten in unseren Innenstädten. Und dann kommen wir vielleicht gar nicht mehr auf die Idee, selbst unser Haus oder unser Quartier zu begrünen. Das Nein beugt uns nieder. Es beeinflusst unsere Haltung.

Deshalb sollten wir uns möglichst nicht zu lange in der Zone des Neins aufhalten. Es ist nur eine Art innerer Indikator, der uns anzeigt, was wir nicht wollen. Wovon wir uns fernhalten sollten. Wenn die Lebensumstände dies zulassen. Oder: Was unseren Widerstand fordert, wenn es keine andere Lösung mehr gibt. Oder auch: Wo wir selbst anpacken, etwas machen und produktiv gestalten können.

Der Verhaltenspsychologe und Nobelpreisträger Daniel Kahneman berichtet von einer wissenschaftlichen Studie mit zwei Vergleichsgruppen. Beide Gruppen bekamen eine Denksportaufgabe. Es galt, aus einzelnen zusammenhanglosen Wörtern Sätze zu bilden. Im Prinzip waren die Aufgaben weitgehend deckungsgleich. Der einzige Unterschied: Bei der einen Gruppe tauchten ein paar andere Begriffe auf, die in der Aufgabe der Vergleichsgruppe fehlten. Darunter die Wörter: Florida, grau, vergesslich.

Nachdem die Gruppen ihre Aufgaben gelöst hatten, wurden sie gebeten, in einen anderen Raum zu kommen. Sie mussten dabei über einen Flur gehen. Das Erstaunliche war, dass sich die Teilnehmer der Gruppe, die sich vorher mit den Wörtern »Florida«, »vergesslich« und »grau« beschäftigt hatte, erheblich langsamer bewegten als die andere. Dazu muss man wissen, dass Florida in den USA mit älteren Menschen assoziiert wird. Deshalb hat man dem Phänomen in der Wissenschaft auch den Namen »Florida-Effekt« gegeben.

Wer immer wieder »No« oder »Fuck« sagt, wer zu viele negative Meldungen hört und diese ständig im Innern wiederholt oder wer sich zu lange von bedrückenden Meinungen abhängig gemacht hat, wird irgendwann davon runtergezogen.

Es sei denn, wir können unterbrechen, Stopp sagen, abschalten. Wir können die negative Energie verwandeln. Weil wir zugleich eine starke positive Energie in uns tragen. Weil wir uns nicht unterkriegen lassen. Weil uns eine innere Stimme sagt: Fange neu an. »Du hast keine Chance, aber nutze sie«, wie Herbert Achternbusch einmal gesagt hat. Ein Projekt, ein Unternehmen, ein Netzwerk, ein Haus, eine Erfindung, ein Gedicht, eine Geschichte. Wer weiß?

Verblüffend, erfinderisch, vielfältig

Lebenskunst kann nichts Großes bewirken oder verändern. Sie verspricht es auch gar nicht. Sie kündigt nicht an, was sie nicht halten kann. Aber sie ist schöpferisch. Sie ist erfinderisch und vielfältig wie das Leben selbst.

Sie baut Blitzableiter, während sie Gewitter beobachtet. Sie experimentiert, sie lässt Drachen steigen und Funken sprühen, bis sie etwas findet, das Menschen vor Unwettern schützt.

Sie dichtet die Zeile »Geh aus, mein Herz, und suche Freud«, gerade nachdem ein verheerender Krieg dreißig Jahre lang im Land gewütet und alles verwüstet hat.

Wer erinnert sich heute noch an Benjamin Franklin? Oder an Paul Gerhardt? Aber vielleicht erinnern wir uns an Shakespeares *King Lear*: Da bekommt ein störrischer, jähzorniger Alter die Möglichkeit, sich zu entwickeln, zu lernen und innerlich sehen zu lernen, gerade als er blind geworden ist.

Das passt vielleicht zur heutigen Zeit. In der irgendwo in Großbritannien auch diese Liedzeile entsteht: »Treat people with kindness«. Das verblüfft alle. Das Publikum erhebt sich mancherorts von den Stühlen und macht eine Polonaise durch die Halle. Der Song von Harry Styles wird über 41 Millionen Mal angeklickt.

Und gerade während die Öffentlichkeit gebannt auf die Krise der herkömmlichen Energieversorgung blickt, die von Politik und Medien jahrzehntelang für normal gehalten wurde, werden innovative Lösungen marktreif, die Gebäude und Gemeinden weitgehend energieautark machen. Imagine!

Ich konnte mich davon überzeugen. Ich werde davon später berichten.
Um das wahrzunehmen, braucht man keine Lupe. Aber man muss hinschauen.

Zwei Arten der Anpassung

Das Ja zum Leben und das Nein zur Lebensfeindlichkeit wirken zusammen
wie ein inneres, geistiges Gleichgewichtsorgan. Dahinter verbirgt sich der
Unterschied zwischen Anpassung und Anpassung.

»Verhalten ist immer eine Anpassung, und jede Anpassung ist die Wiederherstellung des Gleichgewichts zwischen dem Organismus und der Umwelt.
Wir handeln nur, wenn wir uns gerade nicht im Gleichgewicht befinden«,
wie der Biologe und Entwicklungspsychologe Jean Piaget gesagt hat.

Es gibt eine Anpassung, die eher passiv ist. Die sich allen Veränderungen
folgsam ergibt. Ohne Widerspruch. Ohne Murren. Ohne eigene Ideen.
Und es gibt die andere Anpassung, die ich schöpferische Anpassung nenne.
Die sich nicht unterwirft – und sich nicht unterkriegen lässt.
Sie sagt: Mach dich nicht abhängig. Sei autonom, autark, selbstbestimmt.
Soweit du es vermagst. Versuche es zumindest.
Dabei hilft dir deine Vorstellungskraft, wenn du dafür sorgst, dass diese Vorstellung lernt. Weil sie innerlich unabhängig ist. Weil sie nicht vorgibt, schon
alles zu wissen, und nicht gezwungen ist, recht zu haben. Weil sie freundlich
ist: zum Leben, zu anderen, zur Natur. Und in Beziehung zu anderen denkt,
fühlt und handelt. Auch wenn ihr dies nicht immer auf Anhieb gelingt.

Und noch etwas

Am Anfang ist nur das Leben. Nicht der Plan, nicht die Gewissheit.

Das Ja der Lebenskunst ist kein Deal mit dem Leben. Nach dem Motto: Nur
wenn du mir etwas versprichst und ich etwas von dir bekomme, sage ich Ja.
Das Ja der Lebenskunst ist unabhängig von irgendwelchen Bedingungen.
Was auch immer passiert.

Leben ist. Punkt.

»Wer das Leben fragte tausend Jahre lang: ›Warum lebst du?‹ – könnte es antworten, es spräche nichts anderes als: ›Ich lebe daraus, dass ich lebe.‹ Das kommt daher, weil das Leben aus seinem eigenen Grunde lebt und aus seinem Eigenen quillt […]. Wer nun einen wahrhaftigen Menschen, der aus seinem eigenen Grunde wirkt, fragte: ›Warum wirkst du deine Werke?‹ – sollte er recht antworten, er spräche nichts anderes als: ›Ich wirke darum, dass ich wirke.‹« (Meister Eckhart)

Weg 2: Sinn. Und Eigensinn.
Finde dein Metier

Von innen heraus. Ziele vor sich sehen. Kreativität zulassen.
Purpose. Ungewissheit und die Balance.

Es gibt verschiedene Arten von Erschöpfung: die eine, die sich einstellt, wenn wir etwas geschaffen haben. Etwas Sinnvolles, woran wir glauben. Das ist, auch wenn wir erschöpft sind, ein gutes Gefühl. Die andere, die wir empfinden, wenn wir sehr intensiv unter schwierigen Bedingungen arbeiten und uns beengt fühlen, aber auf eine Besserung der Lage hoffen. Noch eine andere, wenn man einfach nur ausgebrannt ist, sich ausgenutzt fühlt und tatsächlich keine Kraft und keine Hoffnung mehr hat. Und sich sagt: Wozu das Ganze, es macht alles keinen Sinn.

Ausgebrannt ohne Sinn. Das ist ein schlechtes Gefühl. Man möchte eigentlich gar nicht mehr aufstehen. Mit etwas Glück können wir übrigens von diesem Zustand wieder in den ersten kommen. Manchmal mit Unterstützung von anderen, manchmal aus eigener Kraft.

Viktor Frankl, der große Wiener Psychotherapeut, wurde von den Nazis ins KZ gesteckt. Er überlebte Theresienstadt und Auschwitz. Zuletzt wurde er nach Dachau transportiert. Er war geschwächt und sehr krank. Trotzdem wurde er noch einmal rausgetrieben, um eine Straße zu bauen. Zusammen mit den anderen Häftlingen. Es war nasskalt. Er hatte keine warme Kleidung, keine richtigen Schuhe. Er bricht zusammen. Es überfällt ihn ein starker Hustenanfall, der nicht aufhören will. Jedes Husten macht ihn noch schwächer – und den Wärter zorniger. Immer heftiger schlägt dieser auf den Boden Liegenden ein.

Frankl hat sich schon aufgegeben. In dem Moment sieht er sich plötzlich in einem vollen Hörsaal. Er sieht sich aufstehen, ans Pult gehen und sein Lebenswerk erklären, an dem er auch in den Jahren des KZ ständig gearbeitet hat. Er sieht sich also selbst in der Zukunft. Und während er das sieht, bemerkt er, dass er tatsächlich aufsteht. Und weitergeht.

Vor sich sehen

Etwas in der Zukunft Liegendes vor Augen haben, an das man glauben kann. Das ist Sinn.

Deshalb können die Flüchtlinge, die aus den Krisengebieten der Welt und über die Meere zu uns kommen, die unglaublichen Strapazen aushalten – sie haben eine bessere Zukunft vor Augen. Sie stellen sich diese Zukunft vor. Sie sehen sie vor sich. Auch wenn sie vielleicht übermorgen wieder in ihre Heimat zurückkehren wollen.

Sich etwas vorstellen, das in der Zukunft liegt. Das mit unserem Selbst zu tun hat, das in Verbindung zu anderen ist. Und mit dem, woran wir fest glauben. Auch wenn alles sich gegen uns verschworen zu haben scheint. Wenn das Leben um uns herum zur Quälerei, zur Hölle, zum Albtraum geworden ist: *Trotzdem Ja zum Leben sagen*. Ich greife dieses Motiv bewusst wieder auf. Dieses *Trotzdem Ja zum Leben sagen* ist der Titel eines Buches und einer Vortragsreihe von Viktor Frankl. Das Buch erschien 1946, nachdem Frankl als einer der wenigen Überlebenden aus dem Lager wieder nach Wien zurückgekehrt war und dort lehren konnte. Und dieser Titel geht auf eine Zeile des Buchenwald-Liedes zurück. »Was auch unser Schicksal sei, wir wollen trotzdem ja zum Leben sagen.«

Bei diesem Ja kommen Vorstellung und Einstellung zusammen. Das Wort »Einstellung« hat Viktor Frankl auch mitgeprägt. Alles kann einem Menschen in äußerster Not abgenommen werden, nur eines nicht: die innere Einstellung. Die »letzte der menschlichen Freiheiten«. Nämlich »die eigene Einstellung unter den gegebenen Umständen zu wählen. Und den eigenen Weg zu wählen.«

Sinn ist nichts Gegebenes. Er wird uns nicht geschenkt. Wir können ihn nicht kaufen oder verkaufen. Er ist nichts Äußerliches, das wir aus einem Katalog auswählen können. Wir können Sinn nur von innen heraus entwickeln. »Von innen nach außen«, um die Wendung von Stephen R. Covey wieder aufzugreifen. Covey verstand sich als Schüler Viktor Frankls.

Nüchtern systemtheoretisch gesprochen, bedeutet Sinn vor allem Anschlussfähigkeit. Etwas schließt an: das Heute an das Morgen. Das Ich an die anderen. Eine Kommunikation an die weitere Kommunikation.

Sinn ist eine Zukunftsdimension

Diese Dimension verbindet Sinn mit Nachhaltigkeit. Das spüren wir bei allen Menschen, die sich ehrlich, intrinsisch motiviert für Nachhaltigkeit einsetzen. Ob bei der Umstellung der Produktion auf zirkuläres Wirtschaften oder bei der Umstellung auf ökologische Methoden in der Landwirtschaft. Das dauert. Das erfordert jahrelanges Ausprobieren, jahrelange Vernetzung, jahrelange Pflege. Mit vielen Entbehrungen und Rückschlägen.

Diese Dimension verbindet Sinn mit Innovation: Wer an wirklichen Innovationen arbeitet, stellt sich darauf ein, dass es mühsam und langwierig ist. Er oder sie wird nicht so schnell aufgeben. Erfahrene Innovatoren und Investoren rechnen mit vielen Jahren, bis aus einer innovativen Idee ein erfolgreiches Produkt wird.

Diese Zukunftsdimension verbindet Sinn mit gelebter Tradition. Da gibt es etwas, das an die Kinder und Enkelkinder weitergegeben werden soll. Etwas Materielles oder etwas Geistiges. Dafür lohnt es sich, große Mühen auf sich zu nehmen. Das ist sinnvoll.

Je mehr wir uns mit dieser Dimension von Sinn beschäftigen, desto mehr entdecken wir, dass es dabei nicht um die Zukunft geht, die uns gerade als verlockendes Angebot, als unmittelbares Glücksversprechen oder als baldiger Fitnessvorteil vorschwebt. Darauf komme ich noch zu sprechen.

Wir selbst finden im Leben Sinn. Und nur wir selbst können das finden, was unser eigener Sinn ist.

Eigensinn

Für Hermann Hesse war der Eigensinn die Tugend, die er am meisten liebte. Er, der sich so einsetzte für die Menschen, die in ihrem Leben nicht so viel erreicht hatten wie er. Oder die in Schwierigkeiten geraten waren, die nicht mehr ein noch aus wussten. Die ihm schrieben und um einen Rat baten. Fast allen hat er geantwortet. Obwohl er an vielen Tagen dazu keine Lust hatte, weil er selbst nicht mit seinem eigenen Werk weiterkam.

Immer wieder kommt er auf diesen Punkt zurück. Es gibt für niemanden einen anderen Weg der Entwicklung, als das eigene Wesen zu entfalten. »Sei du selbst.« Auch wenn andere noch so viel auf dich einreden und dir erzählen, was du zu tun hast, um von der Gesellschaft anerkannt zu werden. Gerade wenn es draußen hagelt, wenn Hiebe und Stiche nicht aufhören wollen.

»Gegen die Infamitäten des Lebens sind die besten Waffen: Tapferkeit, Eigensinn und Geduld. Die Tapferkeit stärkt, der Eigensinn macht Spaß, und die Geduld gibt Ruhe«, waren seine Worte.

Deshalb ist Eigensinn für unser Leben so wichtig wie der Sinn. Sei es als Ergänzung. Sei es als Vertiefung oder Verstärkung. Sei es in der Verschmelzung zu unserem eigenen Sinn.

Wir selbst

Es ist das, was wir selbst können und sind. Nicht das, was wir haben.
Was unser Metier ist, unsere Berufung, unsere Haltung. Es muss nicht unbedingt etwas Großes sein. Es muss auch nicht unbedingt eine besondere Leistung sein. Es kann einfach nur das sein, was wir selbst sind und weitergeben. Wenn wir gemeinsam etwas bauen, wenn wir musizieren, wenn wir kochen, wenn wir etwas pflanzen, wenn wir philosophieren. Im Gespräch. Beim Spazierengehen.
Die vielen Geschichten, die Enkelkinder von ihren Großvätern oder Großmüttern erzählen, gehören dazu.

»Indessen fange ich heute an zu begreifen, dass im Schicksal eines jeden Menschen ein Sinn liegt, dass jeder eine wichtige Aufgabe hat, die er zu erfüllen [hat] oder der er sich entziehen kann, indem er einen Umweg nimmt«, hat die Schriftstellerin Nadeschda Mandelstam einmal geschrieben. Sie hat in bitterster Armut gelebt. Verfolgt, bespitzelt, an den äußersten Rand der Existenz gedrückt von den stalinistischen Wächtern. Ihren Mann, Ossip Mandelstam, einen der größten russischen Dichter des 20. Jahrhunderts, hatte Stalin schon auf dem Gewissen. Sie wollte nicht klein beigeben. Sie wollte berichten und erzählen von dem, was Menschen ausmachen kann, wenn sie an sich, an die Humanität und an ihre Kreativität glauben. Ich erzähle bewusst von dieser großartigen Frau. Auch wenn ihre Welt für uns so weit weg ist.

Kreativität zulassen, in unserem Element sein

Ken Robinson steht den meisten von uns sicher viel näher. Durch die Berichte über sein kreatives Wirken als Bildungsexperte, durch seine Bücher und TED-Auftritte, aber auch durch die Nachricht von seinem Tod nach einem schweren Krebsleiden im Sommer 2020. Auch für ihn waren Sinn und Eigensinn eng verbunden.

Es gibt eine Geschichte von ihm, die ich sehr mag und deshalb oft erzähle: Eine Lehrerin unterrichtete in einer Grundschule sechsjährige Kinder im Zeichnen. Eine der Schülerinnen, die in einer der hinteren Bänke saß und sonst nicht besonders aktiv mitarbeitete, war diesmal völlig vertieft in das, was sie tat. Die Lehrerin war fasziniert und zugleich neugierig. Sie fragte das Mädchen, was es malen würde. Ohne aufzuschauen, sagte die Kleine: »Ich male ein Bild von Gott.« Die Lehrerin erwiderte überrascht: »Aber niemand weiß, wie Gott aussieht.« Darauf sagte das Mädchen: »Warten Sie einen Moment, gleich wissen Sie es.«

Ein wunderbares Beispiel für die Fantasie von Kindern. Und zugleich für eines der beiden zentralen Anliegen des Bildungsreformers Robinson: das Zulassen und Finden von Kreativität – in uns selbst und in unserer Umgebung. Flankiert vom zweiten zentralen Anliegen: der Entdeckung und Entfaltung der eigenen Fähigkeiten. »Finde dein Element!«, war eine der Botschaften, die er überall auf der Welt vermittelte. »Das Element ist der Ort, an dem Ihre natürliche Begabung und Ihre persönliche Herzensangelegenheit zusammenkommen.« Wer diesen Ort gefunden hat, ist in seinem Element. Wir sprechen auch von unserem Metier.

Dieses »Im-Element-Sein« ist ein verbindendes Glied zwischen Sinn und Eigensinn.
Manchmal auch von Beruf und Berufung. Auch wenn das nicht immer so planbar ist. Das sind die Umwege. Oder die Zufälle. Auf die ich gleich noch einmal zurückkomme.

Was in uns steckt

Robinson wurde einmal gefragt, was in seinen Augen das höchste Ziel der Bildung sei. Seine Antwort:»Dass die jungen Menschen nicht nur mit Wissen abgefüllt werden, sondern auch eine Ahnung davon erhalten, was in ihnen steckt und was durch sie in die Welt kommen könnte.«

Sein Lebensmotto war zugleich eine Frage, die er uns allen stellt:»How finding your passion changes everything.«

Also wie? Wie können wir unser Metier finden? Oder eine unserer Anlagen zu unserem Metier machen? Ganz praktisch?
Ich versuche seine Anregungen in sieben Punkten frei zusammenzufassen:

1. Selbstvertrauen wiederfinden – Kreativität zulassen
2. Fähigkeiten entdecken und entwickeln – eine Reise nach innen, ein Prozess
3. Ziele stecken – kurzfristige und langfristige
4. Bestandsaufnahme machen – was will ich in der jetzigen Situation ändern, was nicht?
5. Emotional vorbereiten – welche Veränderungen werden auf mich zukommen?
6. Gleichgesinnte treffen – mit wem kann ich mich vernetzen und austauschen?
7. Und das immer wieder – nicht müde werden, dranbleiben

Den siebten Punkt halte ich für besonders wichtig. Jeder Hochleistungssportler kennt das. Es kommt irgendetwas dazwischen. Eine Verletzung, eine Krankheit, ein emotionales Tief. Dann ist es besonders hart, dranzubleiben. Und besonders wichtig.

Und das gilt überhaupt für das hier ausgesprochene Programm, das eigentlich kein Programm ist, sondern eine Erzählung, deren Kausalität sich uns nicht sofort erschließt: die Entfaltung von Kreativität und der eigenen Fähigkeiten. In einem Umfeld, das oft andere Prioritäten setzt. In der Schule, an der Hochschule, im Berufsleben.

Zusammenspiel

Fast überall wurden in den letzten Jahrzehnten die kreativen, philosophischen und musischen Disziplinen mehr und mehr zusammengestrichen: »Musik, Film, Tanz, Literatur, Theater, all diese Themen, die unsere ästhetische Erfahrung erweitern und all unsere Sinne ansprechen«, wie Ken Robinson sagt. Sie wurden zugunsten der Fächer gestrichen, die unmittelbar der sogenannten »Arbeitsmarktfähigkeit« dienen sollen.

Da wurde eine Hierarchie geschaffen: oben die Mathematik, dann die Sprachen, dann die Geisteswissenschaften und unten die Kunst. Ich halte dies mit ihm für einen grundlegenden Irrtum. Auch die Untergewichtung handwerklicher Fächer war ein Irrtum. Statt einer Hierarchie bräuchten wir eine neue Balance, ein neues Zusammenspiel. Beispielsweise Mathematik und Musik, Physik und Philosophie, Informatik und Literatur, Biologie und Gartenbau.

Der im heutigen Kroatien geborene Physiker und Ingenieur Nikola Tesla war in vielen Sprachen zu Hause. Er konnte die Mehrzahl der wissenschaftlichen und philosophischen Werke im Original lesen. Fast den gesamten *Faust* konnte er auswendig. Bei einem Abendspaziergang mit einem Freund zitierte er aus dem Kopf eine Passage über die Energie der Abendsonne: »Sie rückt und weicht, der Tag ist überlebt, / Dort eilt sie hin und fördert neues Leben« (Goethe, Faust 1, Faust-Wagner-Szene).

Während Tesla sprach, ging ihm wie ein Blitz eine Idee durch den Kopf, die seine größte werden sollte: die Idee zu einem Elektromotor auf der Grundlage eines rotierenden magnetischen Feldes. Dabei zeichnete er die entsprechenden Schemata mit einem Stock in den Sand.

Nun können wir nicht alle ein Tesla sein. Sollen wir auch nicht. Das Entscheidende ist, dass wir etwas mit Begeisterung, mit liebevoller Zuwendung tun. Wenn möglich mit allen Sinnen, manchmal auch mit ein wenig Unsinn. Dass wir gefesselt und gefordert werden. Dass wir uns vertiefen und dass wir dranbleiben können. Was es auch immer ist. Dann können wir auch Umwege gehen. Es findet sich schon der Sinn. Der uns gemäß ist. Und eine Aufgabe, die auf uns zugeschnitten ist.

Es kommt anders

Als ich angefangen habe zu studieren, hatte ich keine Ahnung, in welchem Beruf ich einmal tätig sein würde. Ich studierte nicht, um Karriere zu machen. Das interessierte mich nicht. Ich wollte verstehen. Die Welt um mich herum. Die Menschen und die Gesellschaft. Die Politik, die Geschichte, die Kultur. Wer wir waren und woher wir kamen. Das machte mir sehr viel Freude, zumal ich das mit vielen interessanten Menschen gemeinsam tat. Aber es brachte finanziell nichts ein. Ein paar Ferienjobs halfen aus. Auch meine Promotion über Rosa Luxemburg, an die ich mich nach dem Staatsexamen setzte, war nicht unbedingt eine Vorbereitung für einen Posten in Industrie oder Verwaltung. Und die Lehraufträge, die ich nach der Promotion in den Politischen Wissenschaften und Philosophie übernahm, deckten kaum die Fahrtkosten.

Ich lebte damals auf dem Land, in Dierdorf im Westerwald. In einem umgebauten Dreiseithof mit einer riesigen Bibliothek meines väterlichen Freundes Wanja von Heiseler, in der ich fast alles fand, was für meine Fächerkombination als Standardliteratur relevant war. Aus der Psychologie, der Ökonomie, der Soziologie, aber auch wichtige Werke der Literatur und Dichtkunst der Welt. Es war ein lebendiges Haus. Es kamen Freunde aus der ganzen Welt. Es wurde viel diskutiert, musiziert und an Wochenenden gefeiert. Ich machte mir nur ab und zu Sorgen. Ich dachte, ich würde an einer Universität bald eine Festanstellung bekommen. Es kam anders.

Der damalige Direktor »meiner« Sparkasse, zugleich Sangesbruder im Männergesangverein 1839, Meisterchor von Rheinland-Pfalz, nahm mich irgendwann beiseite: Bernhard, jetzt müssen wir mal was machen. Damit gab er mir den entscheidenden Tipp, es nun doch einmal mit einem »ordentlichen« Beruf zu versuchen. Kurze Zeit vorher hatte ich für den Chor noch einen Besuch und Konzerte in Locarno in der Schweiz organisiert. Es folgte ein Gegenbesuch zweier Bergsteigerchöre aus dem Tessin. Dann sagte ich dem Westerwald ade.

Für mich brach in diesen Tagen eine Welt zusammen. Auch weil zur gleichen Zeit eine große Liebe brach. Ich musste völlig neu angefangen. Mit etwas ganz anderem. Es schien, als ob ich nichts von dem, was ich bis dato gelernt hatte, mehr gebrauchen könnte.

Verändern können

Aber was war es denn, was ich gelernt hatte? Wissenschaftliches Arbeiten, disziplinübergreifendes Denken, diszipliniertes Dranbleiben, liebevolles Herangehen, Probleme lösen mit Kreativität und Leidenschaft, Vertrauen in die eigenen Ideen, in das Zusammenführen von Ideen und Menschen. Das war mein Element. Darauf konnte ich bauen. Alles andere würde sich fügen. Doch das ist nun schon meine Sicht von heute.

Würde ich das heute genauso noch mal machen? Ich weiß es nicht. Jedenfalls würde ich niemandem empfehlen, es mit dieser Fächerkombination so nachzumachen. Doch ich glaube, einige der Fähigkeiten, die ich damals erworben habe, würde man heute transformativ nennen. In vielen Organisationen wird darüber geredet. Verändern können. Das geht nur disziplinübergreifend mit viel Kreativität und mit viel Verständnis für Andersdenkende. »Wir können die aktuellen Herausforderungen nicht mit dem traditionellen linearen und deduktiven Denken bewältigen, das in der Vergangenheit geholfen hat«, um noch einmal Ken Robinson zu zitieren.

Inneres und Äußeres

Es gibt eine tiefe Sehnsucht in uns, dass die äußere Welt, in der wir unsere Arbeit verbringen, mit der inneren Welt, mit dem, was wir gelernt haben und was wir für sinnvoll erachten, möglichst weit übereinstimmt.

Dass dies eine Sehnsucht ist, deutet darauf hin, dass es nicht selbstverständlich ist. Die Zeiten von »New Work« sind im geschichtlichen Vergleich nicht einmal ein Wimpernschlag. Und auch in der Welt der neuen Arbeitsweisen gibt es die Realität von Organisationen. Mit Zielen, die vorgegeben werden. Mit Rollen, die zu übernehmen sind. Mit Macht, die immer auch eine Rolle spielt. Und nicht immer stimmen die Entscheidungen, die getroffen werden, mit unseren Plänen überein.

Auch deshalb ist es gut, Eigensinn zu entwickeln. Innerlich unabhängig, kritisch und achtsam zu sein. Sich nicht vollständig einnehmen zu lassen von den Zielen und Zwecken einer Organisation, auch nicht von den allgemeinen Sinn-Angeboten, die uns erreichen. So oder so.

Aber es gibt diese Sehnsucht. Und manchmal finden Dinge zueinander.

Wenn Sinn Purpose wird

Die Kurzform der Geschichte lautet: Ein Unternehmen schließt für einen Tag seine Türen und öffnet sich dabei für Millionen Kunden. Die etwas längere Fassung geht so: Das amerikanische Unternehmen REI schließt seine Türen ausgerechnet am Black Friday, dem verkaufsstärksten Tag für den Einzelhandel. An diesem Tag gehen seit ein paar Jahren alle 12.000 Mitarbeiterinnen und Mitarbeiter ins Freie, zur Erkundung der Natur. Mit dem Ziel »#OptOutside instead of shopping«. Gemeinsam mit Kunden und Partnern, mit sehr vielen Neugierigen und Outdoorinteressierten, die sich der Kampagne anschließen. REI, die Recreational Equipment Inc., ist ein Händler für Outdoorprodukte und -dienstleistungen. Mit einigen Flagship-Stores in den USA. Und mit einer wachsenden Community von inzwischen circa neunzehn Millionen Mitgliedern.

Sicher, eine typisch amerikanische Geschichte. Und eine Ausnahmesituation. Aber keine bloß vom Marketing erfundene, sondern eine erlebte Geschichte. Rückwirkend auf das alltägliche Geschäft: das ganze Unternehmen mit den Kundinnen und Kunden verbunden. Die Mitarbeiterinnen und Mitarbeiter mit deren Erfahrungen verbunden. Der Zweck des Unternehmens, der sogenannte »Purpose«, sichtbar verknüpft mit dem praktischen Tun. Immer wieder erzählt, auch von denen, die nicht zu den Käufern der Produkte gehörten. Ein Beispiel für die Koppelung von individueller Sinnorientierung und organisationalem Handeln der nächsten Generation?

Es ist wohl kein Zufall, dass in dieser Zeit der Begriff »Purpose« die Runde macht. Von ihm gilt das Gleiche, was hier schon über andere Management-Vokabeln gesagt wurde. Wir können darüber lächeln. Oder wir suchen nach der Substanz, nach dem, was dahintersteckt. »Purpose« ist der Zweck eines Unterfangens. Wir können auch sagen, es ist das Sinnangebot von Organisationen, die sich davon Selektion und Relevanz erhoffen. Ein Sinnangebot an die Mitarbeiter, Partner und Kunden.
»Purpose« ist etwas, das über die alltäglichen Erfordernisse hinausführt.

Sinnangebot Nachhaltigkeit

Unternehmen und Vereine, ihre Partner, ihre Kunden und ihre Fans kommen beim Thema Nachhaltigkeit ganz eng zusammen. Selbst wenn sie sonst vieles unterscheidet.

Viele Gespräche, die ich in den vergangenen Monaten in Unternehmen auf unterschiedlichen Ebenen geführt, und alle Studien, die ich im gleichen Zeitraum eingesehen habe, deuten in diese Richtung: Niemand kann heute eine Strategie, eine Innovation, eine neue Serviceidee oder ein neues Geschäftsmodell entwickeln, der nicht von Anfang an die Themen Sinn, Nachhaltigkeit und gesellschaftliche Verantwortung in sein Denken integriert.

Klimaschutz, neue Energien und Nachhaltigkeit sind ins Zentrum der Aufmerksamkeit gerückt. Vielleicht ist dies ein integrales Leitprinzip, das die verschiedenen, sonst so diversen Communitys miteinander verbindet. Die Bewegung für den Erhalt der Erde ist vermutlich die größte Fangemeinde der Welt. Die nachhaltige Revolution verändert alles.

Das ist die erfreuliche Nachricht. Sie ermuntert uns, Ja zu sagen. Sie macht uns Mut.

Gleichzeitig sind wir nicht blind. Wir sehen, wie schnell manche Ziele der Erneuerung wieder kassiert werden, wenn pures Energiesparen auf die Agenda rückt. Und wir beobachten alle, wie umkämpft der Weg zu einer Energiewende tatsächlich ist.

Da wird um jeden Zentimeter Boden gestritten. Und manchmal auch um Grundsätzliches. Sinn ist bei näherem Hinsehen kein unbeschriebenes Blatt.

Und Fangemeinden, die über Jahre hinweg eine eingeschworene, unzertrennbare Gemeinschaft waren, werden über Nacht auseinandergerissen, Harry-Potter-Fans kennen das.

Nicht vereinnahmen lassen

Auch deshalb: Sei eigensinnig!
Bleibe unabhängig!
Lass dich nicht selbst kassieren!
Und: Gehe Umwege!
Finde dein Metier!
Mache gute Dinge!
Wenn es gut ist, ist es meist auch nachhaltig.

Und bei allem: Sei dir nicht so sicher. Es kann morgen alles hinweggefegt sein. Spiel nicht den Wissenden. Du kannst noch so viel wissen, oft wirst du einfach nicht weiterwissen.

Ein »Sinn-Bild«

Michel de Montaigne, der seine Selbstbetrachtungen mit Platons Satz »Philosophieren heißt sterben lernen« beginnt, hat für sich und sein Leben ein Bild gezeichnet – eine Art inneres Leitbild in Form einer Waage mit zwei Waagschalen. Dazu schrieb er als Motto »Que sais-je?«.

Ich möchte das gerne aufgreifen und daran anschließen. Ich schlage ein »Sinn-Bild« der Lebenskunst vor: die Balance von Sinn 1 (der dich verbindet) und von Sinn 2 (der dir eigen ist). Diese Balance gilt es zu finden. Und immer wieder auszutarieren. Können wir uns das vorstellen?

Die Bedeutung von Sinn 1 ist eher der tiefere Sinn, der Gemein-Sinn, das größere Ganze, Zusammengehörigkeit, Glauben, Vernunft, zielgebende Werteerfahrung, Vision, Purpose, Pflicht. Die Bedeutung von Sinn 2 ist eher der Eigensinn, das Element, das Metier, etwas mit Begeisterung tun, das eigene Ding machen, unangepasst sein, Spaß haben, etwas Verrücktes tun.

Jeder wird die beiden Seiten der Waagschale für sich individuell definieren und entsprechend der eigenen Lebenserfahrung bestimmen können. Und natürlich wird es Situationen geben, wo beide Seiten deckungsgleich sind oder sogar zu einem einzigen Sinn verschmelzen.

Dazu gehört für mich das Motto von Montaigne: das ehrliche »Ich weiß es nicht«. Sinn wird gerade lebenswichtig, wenn wir nicht wissen, was geschehen wird. Que sais-je. Ich weiß nicht, was kommt. Ich vertraue.

Nachtrag

Es macht alles keinen Sinn? Jeder kennt dieses Gefühl.
Aber wer sagt, dass etwas Sinn »macht«? Die Dinge machen keinen Sinn.
Die Welt hat keinen Sinn. Ich finde darin Sinn. Meinen Sinn. Vielleicht.
Vielleicht braucht es auch noch Zeit. Momentan ist die Erschöpfung zu groß. Aber morgen sehe ich etwas, das ich heute noch nicht sehen kann.
Wir finden Sinn, indem wir einer Sache Bedeutung geben. Und wenn alles vernagelt zu sein scheint, hilft das Tun-wir-mal-so-als-ob. Meist öffnet sich irgendwo wieder ein Spalt.

Jean-Jacques Jacob kommt aus der Bretagne. Er hat in seinem Leben schon viel gesehen. Er hat in Stuttgart Philosophie studiert und später gelehrt, er hat eine Schreinerlehre gemacht – und litt unter einer ausgeprägten Glutenallergie. Er konnte kein Brot mehr essen. Irgendwann kam er mit seinem VW-Bus nach Georgien. Dort aß er das erste Mal seit Jahren wieder bei einem Bauern ein Brot. Schon der Geruch des Brotes war ganz anders. Er erfuhr, dass es aus einer besonders alten georgischen Weizensorte hergestellt worden war. Er begann, über Weizen und Backen zu forschen. Und er blieb. Seit 2006 baut er selbst Weizen an und betreibt eine kleine Bäckerei in Tiflis. Dort vereint er »seinen Weizen, das Quellwasser des Kaukasus und – wenn er es bekommt – das Salz der Bretagne zu wunderbaren Brotlaiben«, wie es in einer Arte-Dokumentation über ihn heißt.
Er »verliebt sich nebenbei in Land und Leute«. Und wird zum Lehrmeister gelebter Ökonomie und Ökologie. Er verbindet sich mit der Erde, mit dem Wasser, mit dem Weizen und dem Brot, baut ein kleines Business auf. Er sagt: »Es gab immer wieder Momente im Leben, da war ich auf dem Weg. Und dann plötzlich fühlte ich: Ah, in diese Richtung geht es nicht weiter. Ich wusste aber nicht, wie es weitergeht. Und irgendwann kommt der Moment, da spürst du: Ja, hier! Das war so auch hier mit Georgien. Ich wusste nicht, woher. Dass ich in Georgien landen würde und mich mit Weizen beschäftigen und Brot backen würde. Das habe ich vom Intellekt her nicht geplant.«

Weg 3: Leichtigkeit. Sprezzatura als Lebenshaltung

Sich nicht beschweren. Unterbrechen. Der leere Raum und das »Third-Box-Thinking«.

Nein, nicht um die Leichtfertigkeit geht es hier. Nicht um das Auf-die-leichte-Schulter-Nehmen. Schweres muss man gut schultern. In anhaltend schweren Zeiten erst recht.

In der späten Renaissance eroberte ein Buch Europa wie im Sturm. Jedenfalls den – kleineren – lesenden Teil der Bevölkerung, der in den Städten und an den Höfen Einfluss hatte. In Italien erschienen allein 58 Auflagen im 16. Jahrhundert. Im übrigen Europa noch einmal ungefähr ebenso viele. Es war eine unterhaltsame Abhandlung über die erwünschten Eigenschaften, Tugenden, Fähigkeiten, die Menschen mitbringen sollten, die in der Gesellschaft Verantwortung übernehmen wollen. Oder über die »Haltungen«, wie wir heute ergänzen würden. Es galt in seiner Zeit als ein »Leitfaden zeitgemäßen Verhaltens«, wie der englische Historiker Peter Burke sagt, der das Buch zu seinen Lieblingsbüchern zählt.

Dieses Buch wurde von Baldassare Castiglione in der mittelitalienischen Stadt Urbino in Form eines Gespräches mehrerer Frauen und Männer verfasst. Ein freies Gespräch, das sich über vier Abende erstreckt. Ein mehrstimmiger Dialog. Eigentlich wie ein Theaterstück mit verteilten Rollen und mit einem offenen Ausgang. Es gibt niemanden, der »recht hat« oder die anderen belehren will. Dafür sorgen schon die beiden Moderatorinnen des Gesprächs. Die Leitung des Gespräches haben Frauen übernommen. Was in der damaligen Zeit alles andere als selbstverständlich war.

Die Eigenschaften, über die in dieser Runde ernsthaft und witzig, manchmal ironisch und oft kontrovers gesprochen wird, erstrecken sich von »Verstand«, »Güte« und »Edelmut« über die »Kenntnis fremder Sprachen«,

»körperliche Stärke und Wendigkeit«, »Umsicht« und »Mäßigung« bis zu »Literatur«, »Musik« und »Tanzen«. Es sind gut zwanzig Eigenschaften, etwa ebenso viele wie die Teilnehmer an diesem Gespräch.

Ein Begriff dieses vielstimmigen und vielfältigen Dialoges – und der bis heute berühmteste – entwickelt sich aus dem Gespräch heraus, scheinbar nebenbei. Einer der Gesprächspartner meint, jegliche Affektiertheit und jedes nur nach außen gerichtete Verhalten sei zu vermeiden. Ja, greift ein anderer den Gedanken auf, es brauche stattdessen eine gewisse Leichtigkeit und Lässigkeit: »Sprezzatura«. Was man auch immer tue, solle gleichsam wie absichtslos getan werden. Das Können und die Mühe, die dahinterstecke, sollten nicht nach außen getragen werden.

Sprezzatura hat etwas mit Anmut und mit Spontaneität zu tun. Das Wort lässt sich nicht genau übersetzen. Es schwingen mehrere Bedeutungen mit, wenn man es ausspricht. Es ist eher eine Lebenshaltung.

Sprezzatura entspricht wohl dem, was ursprünglich gemeint war, als jemand das Wort »cool« aussprach. Oder besser: lässig fallen ließ. Voller Bewunderung, ohne es zu stark zu zeigen. Im heutigen Jargon ist das abgeschliffen. Da sind von der Lässigkeit manchmal nur die Nachlässigkeit und die Nachahmung übrig geblieben. Und die Konvention. Nicht das Können.

Sprezzatura ist etwas anderes. Sie ist Können. Sie entsteht unter zwei Bedingungen. Fülle und Vielfalt.
»Fülle« heißt: aus dem Vollen schöpfen können, ein großes Reservoir zur Verfügung haben. »Vielfalt« meint: nicht nur in ein oder zwei Disziplinen gut sein, sondern in sich mehrere Disziplinen verbinden können. Weil die Wirklichkeit es erfordert. Und weil es mehr Spaß macht als eine Monokultur. Deshalb das große Spektrum der Eigenschaften, über die an den vier Abenden so intensiv gesprochen wurde.

Ein Ratgeber, der keiner ist

Das Buch von Castiglione würde man heute wohl in die Ratgeberliteratur einordnen. Castiglione selbst hatte etwas anderes im Sinn. Er verzichtet bewusst auf eindeutige Ratschläge. Wann immer einer der Gesprächsteilnehmer etwas sehr deutlich macht, wird diese Position von einem anderen relativiert. Der Autor hat lange daran gefeilt, die Aussagen in der Schwebe zu halten und eben keine Verhaltensregeln aufzustellen. Das haben erst spätere Herausgeber des Werkes getan – durch Hervorhebungen, Marginalien und Zusammenfassungen, die jedem Leser unmissverständlich die Dos and Don'ts unter die Nase hielten. Aber Castiglione wusste um die Paradoxien des menschlichen Verhaltens. Eine Regel »Sei leicht!« hätte er nie aufgestellt. Er hätte darüber gelächelt. Wie wir, wenn jemand sagt: »Sei spontan!«

Das Buch trägt den Titel *Il Libro de Cortegiano*. Der deutsche Titel lautet *Der Hofmann*. Das kann zu einer abschätzigen Lesart verleiten. Dabei hat dieser Hofmann so viel mit dem Höfischen zu tun wie Platons Gastmahl mit der Völlerei. Ich sage das auch deshalb, weil das Büchlein wie ein Gastmahl aufgebaut ist. Eine Einladung an viele Gäste, viele bekannte kluge Leute jener Zeit, die alle ihre Gedanken und Gefühle beitragen und das Gespräch suchen. Reich, differenziert, witzig, eben lässig, auch wenn das in der deutschen Übersetzung von »Sprezzatura« nicht hörbar wird. Eher schon in dem französischen Begriff »Nonchalance«, der im Angelsächsischen übernommen wurde. Zum Beispiel von Jazzmusikern wie Duke Ellington, der darüber in seinem berühmten Konzert an der Côte d'Azur einen kleinen Dialog mit dem Publikum anstimmte.

Das Leichte und das Schwere

Die Leichtigkeit, von der ich mit Bezug auf Castiglione spreche, entsteht, wenn wir wissen, dass es schwer ist. Und zugleich nicht daran denken, während wir das Schwere tun. Weil wir wissen, dass wir das Schwere nur mit Leichtigkeit meistern können. Wie der geübte Tiefschneefahrer, der vorher abschätzt, wie die Schneeverhältnisse sind, wo und wie er am besten mit Genuss abfahren kann.

Diese Leichtigkeit ist nicht der Gegensatz zu fundiertem Wissen, zur Tiefe oder Bodenhaftung.
Sie ist vielmehr die Ergänzung, die Abrundung, vielleicht sogar Vollendung.
In einem kreativen, nicht perfekten Sinn. Es braucht ein paar Jahre, das zu erreichen. So wie auch die Arbeit von Castiglione selbst fast zwei Jahrzehnte brauchte, bis sie erscheinen konnte.

Die Leichtigkeit, von der ich spreche, entsteht nicht ohne Anstrengung, ohne ermüdende Wiederholungen, ohne schwere Widerstände und Rückschläge. Noch nie wurde ohne Mühe etwas Gutes erreicht. Es ist ein langer Weg, bis dieser leicht wird – bis etwas mühelos erscheint. Es gibt da keine Abkürzung. Kein Tool, das uns die Arbeit und das Lernen abnimmt.

So wie es in der Einleitung von Daisetz T. Suzuki zu dem Buch *Zen in der Kunst des Bogenschießens* heißt: »Bogenschießen wird nicht allein geübt, um die Scheibe zu treffen, das Schwert nicht geschwungen, um den Gegner niederzuwerfen; der Tänzer tanzt nicht nur, um rhythmische Bewegungen des Körpers auszuführen, sondern vor allem soll das Bewusstsein dem Unbewussten harmonisch angeglichen werden. Um wirklich Meister des Bogenschießens zu sein, genügt technische Kenntnis nicht. Die Technik muss überschritten werden, sodass das Können zu einer ›nichtgekonnten Kunst‹ wird, die aus dem Unbewussten erwächst.«

Und wie kommen wir zu diesem Können? Zu dieser »nichtgekonnten Kunst«?
Es gibt drei, vier kleine Tipps, die uns helfen können, dies zu erlernen. Im Laufe der Zeit. Möglicherweise. Die ersten beiden deuten auf etwas hin, was zu vermeiden ist. Denn meist geht es zuerst darum, etwas wegzulassen.

Sich nicht beschweren

»Sich nicht beschweren« – das können wir wörtlich nehmen. So oder so. Die deutsche Sprache ist da sehr reich und genau.

Zuerst meint es: Lade dir nicht zu viel auf. Die Last wird zu schwer. Der Druck wird zu groß. Darauf komme ich gleich noch einmal zurück. Die andere Bedeutung finde ich noch interessanter: Beschwere dich nicht – über andere, über die Politik, über die Schlechtigkeit der Welt.

Wenn du dich beschwerst, kannst du nicht leicht werden oder leicht sein. Du behinderst und beschwerst dich selbst. Emotional und kognitiv. Es hilft auch meist nicht viel, sich zu beschweren. Es sei denn bei einem ganz konkreten Anlass und mit einer genauen Adresse. Stichwort Beschwerde-Management …

In der Regel sind Beschwerden vergeudete Energien. Das bekannte Bild mit den beiden Circles (Circle of Concern und Circle of Influence) führt das sehr einleuchtend vor Augen: Der Circle of Concern behindert die Entfaltung des Circle of Influence. Übriges auch ein Bild, das auf Stephen Covey zurückgeht. Wenn wir im Circle of Concern sind, sind wir nicht da, wo wir sein könnten oder sollten. Wir kommen gar nicht dazu, auf etwas Einfluss zu nehmen. Oder möglicherweise etwas zu verändern.

Beschwerdeführer werden nie leicht. Sie machen sich und anderen das Leben schwer. In Organisationen wie in den sozialen Medien. Wir haben von ihnen zu viel. Das macht die Sache noch schwerer.

Zu schwerer Rucksack

Der Extremkletterer, Bergführer und kluge Sprezzatura-Anreger Rainer Petek berichtet von einer Nordwandbesteigung am Anfang seiner Karriere. Gemeinsam mit seinem Kletterkameraden war er schon eine ganze Weile gestiegen, als sie merkten, dass sie zu langsam vorankamen. Sie waren zu schwer. Ihre Rucksäcke waren zu schwer. Die beiden stimmten sich ab und packten um. Dann warfen sie einen Rucksack ab. Jetzt konnten sie leichter klettern und kamen schneller voran bis zu ihrem ersten Lager. Die im Rucksack verbliebenen Dinge reichten für das Biwak. Seit dieser Zeit ist eine seiner Devisen: Wirf den zu schweren Rucksack ab! Oder noch besser: Pack vorher um und nur das Allernötigste ein. Mach dich nicht zu schwer. Und wer führt, weiß: Eine der wichtigsten Aufgaben der Führung ist: Rucksäcke wegwerfen. Mach es den anderen leichter. Sofern du dies vermagst. Nimm ihnen den Rucksack ab!

Innere Bilder

Sportler kennen das. Ein inneres Bild vor Augen haben, wenn du dich verbessern willst. Ein inneres Bild der Leichtigkeit. Zum Beispiel beim Golfen. Oft ist der Griff zu fest und zu hart. Wir wollen unbedingt einen weiten Schlag ausführen. Gute Golflehrer sehen das sofort. Manche haben für die Korrektur ein Bild. Stell dir vor, der Griff des Schlägers, den du mit beiden Händen umfasst, ist etwas Lebendiges: Stell dir vor, er ist ein Vögelchen.

Musiker kennen das. Die große Pianistin Martha Argerich erzählt: Mein Lehrer Scaramuzza sagte mir, ich sollte die Tasten anschlagen, als ob meine Hände Kraken seien und meine Finger Tentakeln mit Saugnäpfen. Das war sehr hilfreich, sich das vorzustellen. Ein Saugnapf schlägt nicht auf die Tasten. Er saugt sie an. Das war ein gutes Bild. Sie erinnert sich daran auch heute noch. Ihr Spiel ist von einer besonderen Leichtigkeit. Und gleichzeitig von großer Kraft und Klarheit.

Wer Tai-Chi betreibt, kennt das. Tai-Chi lebt stark von Bildern: Der Kranich breitet seine Flügel aus. Den Tiger schlagen rechts und links. Tief im Boden verwurzelt sein und sich ganz leicht, fast tänzerisch bewegen können, die Schwerkraft annehmen und sie zugleich überwinden.

An dieser Stelle erscheinen manche Themen der Sprezzatura gleichsam im west-östlichen Dialog im neuen Licht. »Die Kunst des Lebens besteht mehr im Ringen als im Tanzen«, heißt in den *Selbstbetrachtungen* von Marc Aurel, geschrieben in Feldlagern am Ende seiner Herrschaft. Ja, sagen Sprezzatura, Zen und Tai-Chi. Aber jedes Ringen ist auch ein Tanz. Im Leben, in der Natur, in den Wissenschaften, in der Praxis. Malerei, Literatur, Musik und Tanz sind nicht nur »schöne Künste«. Florettfechten ist nicht nur Sport. Wer sich auf das Ringen mit einem starken Gegner einlässt, sollte auch etwas vom Tanz verstehen. Sprezzatura ist europäisches Zen.

Das Leichte ist mit dem Licht geistesverwandt. Und beides mit Kreativität. Wenn uns alles schwer wird und dunkel erscheint, kommen wir eher auf depressive Gedanken als auf schöpferische. Es sei denn, es kommt ein Lichtblitz. Das können wir auch wörtlich nehmen.

Maria Mitchell hat den ersten teleskopischen Kometen entdeckt. Sie war die erste Astronomin der USA und wurde als erste Frau in die American Academy of Arts and Sciences gewählt. Mitchell hielt Imagination für elementar bei der Beschäftigung mit den Wissenschaften. Sie lehrte am Vassar College, der ersten Hochschule, an der Frauen Astronomie studieren konnten. »Lassen Sie das Sternenlicht in Ihr Leben sickern«, empfahl sie ihren Studentinnen, »und Sie werden sich nicht mehr um Kleinigkeiten ärgern.« Und sie ergänzte: »Es gibt nur eines auf der Welt, was wirklich wichtig ist, und das ist Güte.« Das hätte auch im Gespräch von Castiglione geäußert werden können.

Tödliches Theater

Der 2022 verstorbene Peter Brook, den manche für den größten Regisseur der letzten Jahrzehnte halten, war ein präziser Beobachter der Realität. Und ein guter Menschenkenner. Er spürte genau, wenn irgendwo hohle Worte, erstarrte Formen, lieblose Routinen oder leblose Konventionen das Geschehen zu bestimmen begannen und die Akteure zu bloßen Handlangern degradierten.

Auf welchen Bühnen auch immer. Ob im Theater, in Konferenzräumen, in Lokalen, in den Medien oder in den Parlamenten. »Tödliches Theater«: Ich finde, es gibt keinen besseren Begriff für das, was passiert, wenn wir nur wiederholen, was wir irgendwann auswendig gelernt haben. Oder was andere uns vorher ins Skript geschrieben haben. Oder was man uns beigebracht hat – was angeblich die Menschen interessiert. Tödliches Theater. Performanceorientiert oder marketinggetrieben. Selbstverständlich heute mit vorher ausgesuchten, »emotional packenden« Bildern unterlegt, professionell nicht mehr in PowerPoint-Charts, sondern in kleine YouTube- oder TikTok-Videos montiert, die uns überwältigen sollen. Bilderübersättigt und sterbenslangweilig. Tödliches Theater eben.
Aber wir schauen trotzdem hin. Weil die Stücke vorgeben, unser Leben zu erleichtern.

Till Reiners, Kleinkunstpreisträger und Comedian, hat eine Erklärung dafür. In seinem Programm »Bescheidenheit XS« fragt er die Zuschauer: Warum verdienen Profifußballer so viel und Krankenschwestern und Krankenpfleger so wenig? Seine Antwort: Weil ihnen viel mehr beim Arbeiten zusehen. Und zusehen wollen. Weil das für sie Unterhaltung ist. Menschen wollen unterhalten werden. Das ist offenbar ein Grundbedürfnis. Weiter Till Reiners: »Unterhaltung heißt, man will vergessen, dass man stirbt.« Und: »Deswegen seid ihr heute Abend hier.«

Basics

André Jaeger, einer der besten Köche der Schweiz, hat einmal gesagt (so wird überliefert): Schweizerisches Essen ist zwar gut, aber nach dem Genuss ist man auch immer recht voll. Es gleicht fast einer Kalorienstrafe, die einen nach dem Essen förmlich zum Ausruhen zwingt. Er hat das in seinem (leider inzwischen geschlossenen) Restaurant Fischerzunft west-östlich gedreht. Seine »Cuisine du Bonheur«, die mit neunzehn von zwanzig Gault-Millau-Punkten ausgezeichnete Küche der Fischerzunft, beglückte und ließ jeden leichter werden. Wir haben vor ein paar Jahren einmal zusammen eine Zukunftsakademie in der Schweiz entwickelt bzw. den Abschlusstag konzipiert. Seine Idee war, statt eines opulenten Menüs bewusst nur Basics anzubieten. Wie Honig, Olivenöl oder Brot. Und diese mit drei ausgesuchten Weinen aus der Region zu kombinieren. Es war für alle Teilnehmer eines der stärksten Erlebnisse überhaupt – mit Lebensmitteln, die uns die von uns kultivierte Natur schenkt. Es war im besten Wortsinn ökologisch und Slow Food. Obwohl wir das nicht irgendwie als Überschrift herausgestellt haben. Und diese einfache, langsame Leichtigkeit hat allen Spaß gemacht.

Der leere Raum

Ich komme noch einmal auf Peter Brook zurück. Eines seiner stärksten Bilder ist das des leeren Raums. Leichtigkeit braucht den leeren Raum. Diesen Raum zu schaffen, grenzt an ein Wunder. Es ist magisch, wenn es gelingt. Wir sind meist voll, abgefüllt, angefüllt bis oben hin. Mit irgendetwas, das wir für wichtig halten. Mit Wissen, mit Emotionen, mit Meinungen, mit Antworten, mit Welterklärungen, mit Urteilen, mit Sachen, mit Geräten, mit Möbeln, mit Lärm, mit Daten, mit verdichteter Zeit. Oft auch mit Müll. Kennen wir noch den Unterschied zwischen einem vollen Zustand und einem leeren?

Ich behaupte: Nur wenn wir diesem Unterschied nachspüren, spüren wir unser eigenes Leben. Im Zusammenspiel mit anderen. Nur wenn wir den Unterschied spüren, können wir einen Unterschied machen. In dem, was wir tun. Privat und beruflich.

Third-Box-Thinking

Wir leben in einer vollen Welt. Das ist eine der großen Herausforderungen für das Zusammenleben, für die natürlichen Ressourcen, für die Natur, für ein nachhaltiges Leben.

Das können wir nicht hinwegzaubern. Aber wir können aufpassen, dass die Lösungen, die wir für Probleme unserer Zeit entwickeln, nicht Teil der Probleme sind, weil wir selbst zu voll sind.

Um schöpferische Lösungen zu entwickeln, brauchen wir eine schöpferische Atmosphäre. Sie entsteht durch Unterbrechung, durch kleine disruptive Momente, durch Pausen. Ich höre manchmal in Workshops auf zu sprechen und dehne die Pause – bis zu einer Minute und mehr. Es ist verblüffend, was alles in dieser Zeit nicht gesagt werden kann. Wie viel Zeit wir haben, zu denken, vielleicht etwas Neues zu denken, etwas, das vorher nicht möglich schien.

Ich arbeite auch gern mit Kisten, schwarzen Kisten. Blackboxes.
Manchmal habe ich drei vor mir stehen. Die erste Box steht für die alte Welt. Sie ist sehr voll. Das ist bekannt. Die zweite Box steht für die neue Welt. Das Problem: Sie ist auch schon wieder voll. Tatsächlich und metaphorisch. Angefüllt mit klugen Ratschlägen, Ankündigungen, Ermahnungen, Vorschriften, Taxonomien, Verordnungen, erhobenen Zeigefingern, Apps, »Wir müssen!«-Zwischenrufen oder »Wir sollen!«-Beschwörungen.

Die dritte ist meine Lieblingskiste. Sie ist leer.
Dieser leere Raum ist natürlich nur ein Zwischenraum, ein Intermezzo. Irgendwann werden wir ihn füllen. Aber jetzt steht es in unserer Verantwortung, ihn nicht sofort wieder zu füllen – mit unseren Welterklärungen, Urteilen, Konventionen, Antworten.
Vielmehr uns auf das Allerwichtigste und Allerbeste zu konzentrieren, das wir in uns selbst finden und gemeinsam, co-kreativ, entwickeln können. Der leere Raum steht für diesen wertvollen schöpferischen Prozess.
Da entstehen manchmal heilige Momente. Die zum Glück nicht lange anhalten, denn bald schon fährt ein Witz, manchmal auch ein derber dazwischen, ein Widerspruch, der Reibung erzeugt und Funken auslöst. So entsteht das, was Peter Brook das heilig-derbe Theater nennt (das er vor allem in Shakespeare verkörpert findet.)

Mehr Unterbrechungen

Es gibt solche Momente in professionell moderierten kreativen Prozessen. Zum Beispiel im Design Thinking. Oder in der Arbeit mit der Blue-Ocean-Methode. Die interessanterweise bereits in ihrem assoziativ-bildhaften Titel den leeren Raum in Form des Blauen Ozeans (im Unterschied zu einem roten Haifischbecken) thematisiert. Das Bild der Meere ist in dieser Zeit sicher sehr stimmig.

Doch mir geht es an dieser Stelle weniger um den professionellen methodischen Kontext. Ich möchte vor allem auf den grundlegenderen, existenzielleren Zusammenhang aufmerksam machen. Überall, wo Menschen beginnen, Probleme zu lösen, scheint mir die dritte Box eine hilfreiche Form zu sein. Eine Figur, eine Metapher, ein Bild, ein Instrument, eine Haltung – eine Mischung aus allem. Ob im Elternhaus und in der Familie, ob in der Schule, an der Universität oder im Beruf, ob im Unternehmen oder in der Politik: Wir bräuchten mehr leere Räume, mehr Stille, mehr Pausen, mehr Third-Box-Thinking. Wissend, dass jede dabei gefundene Lösung sich in einer vollen Welt zu bewähren hat. Aber da habe ich gar keine Befürchtung. Dafür gibt es zu viele gut ausgebildete Experten, die sich mit den vollen Welten auskennen. Sie werden schon dafür sorgen, dass diese Kenntnisse in die Prozesse einfließen.
Das Können, das leicht wird. Die Fülle, die leer wird. Das Feste, das sich löst. Die Unterbrechung, die Neues wachsen lässt. Darum geht es. Ein Waffenstillstand ist übrigens auch eine Unterbrechung.

Auftanken

Ein Blick zurück. Friedenszeiten. Zeiten eines leichten Sinnes, des Verliebtseins, der fast puren Lebensfreude. Die für mich sehr stark mit Italien, mit der Kunst, mit der Musik verknüpft sind. Und mit der Suche nach Menschen, die durch ihr Schaffen etwas Neues, Positives gestalten wollen. Und dann passiert in diesen unbeschwerten Tagen etwas Ungeplantes.

Ich erinnere mich an einen heißen Sommertag in Rom. Ich freute mich auf einen Termin am nächsten Tag mit dem Komponisten Hans Werner Henze in Montepulciano. Er war damals der Ideengeber und Leiter des Cantiere

Internazionale d'Arte. Eine Baustelle der Kunst, auf der die Künstler gemeinsam und zusammen mit der Bevölkerung musizierten und experimentierten. Ich wollte mit Henze ein Interview führen und anschließend einen Artikel schreiben. Über das Cantiere. Den Termin hatte ich schon vor Monaten ausgemacht. Es war nicht einfach gewesen. Er hatte als Leiter des Festivals in diesen Tagen genug zu tun.

Ich freute mich sehr auf das Treffen. Da kam die Meldung: In Rom gab es kein Benzin mehr zu kaufen. Alle Tankstellen hatten dichtgemacht. Was wir noch im Tank hatten, reichte nicht für die Strecke. Was tun? Mit dem Zug fahren, das Auto mit Gepäck in Rom lassen? Wo? Selbst in Rom bleiben und das Interview absagen? Und der Artikel, dessen Abgabetermin auch längst feststand? Das erschien alles sehr frustrierend. Und würde obendrein sehr teuer werden. Gab es einen Ausweg? Irgendwann kam mir die Idee: Wir fahren bewusst in eines der besten und teuersten Hotels der Stadt. Da war ich noch nie und wäre wohl nie dorthin gefahren. Nun versuchten wir dort unser Glück und fuhren direkt in die Hotelgarage. Dort gab es für die Hotelgäste eine Zapfsäule. Ich ließ zwanzig Liter zutanken und bezahlte. Niemand fragte, ob ich Hotelgast sei. So kamen wir noch pünktlich nach Montepulciano und zu meinem Interview mit Henze.

Ob ich das noch einmal so machen würde? Ich weiß es nicht. Aber es war eine Zeit, in der das scheinbar Unmögliche, die Geistesgegenwart und die Leichtigkeit irgendwie im Innern miteinander verdrahtet waren. Es war eine Zeit von Sprezzatura und Third-Box-Thinking, ohne dass ich beides damals bewusst so benannt hätte. Und: In meinem Kopf hat sich das Ereignis als Vorbote der Energiekrise eingeprägt.

Zweite Raststation: Finde Sinn!

Sage ich Ja zum Leben? Grundsätzlich?

Kann ich gleichzeitig Nein sagen?
Zum Beispiel zu Dingen oder Menschen, die mir nicht guttun?

Hat Kunst für mich eine Bedeutung?
Welche?

Welche entscheidenden Ereignisse in meinem Leben habe ich
bewusst geplant?
Welche nicht?

Von was oder von wem bin ich abhängig?
Kann ich mich unabhängiger machen? Wie?

Was ist mein eigener Sinn des Lebens?

Kenne ich mein Metier?

Ich welchen Momenten fühle ich mich leicht?

Beschwere ich mich oft?

Wann bin ich in meinem Circle of Influence?

Finde ich manchmal für mich einen leeren Raum?
Einen Moment der Stille?

Komme ich da auf neue Gedanken?

Zum Beispiel jetzt?

Zweite Raststation: Wasserspeicher Menschen- und Seelenkunde

Oder: Die Pioniere. Einige Anregungen

◆ Wie **Viktor Frankl**, der auch unter den extremsten Bedingungen im KZ Ja zum Leben sagte und die Frage nach dem Sinn als Schlüsselfrage verstand – in seiner Arbeit als Mediziner und Psychologe mit Jugendlichen, mit Erwachsenen, mit Patienten und in der Zusammenarbeit mit Wissenschaftlern anderer Disziplinen. Für den Begründer der Logotherapie ist der Mensch ein entscheidungs- und willensfreies Wesen.

◆ Oder wie **Hermann Hesse**, der frühen Ruhm, viele Erfolge, viel Verzweiflung und zwei Weltkriege erlebte. Der 1946 den Nobelpreis für Literatur erhielt und von vielen jungen Menschen in der ganzen Welt geliebt wurde. Der von Zehntausenden Briefe bekam, die ihn in einer schwierigen Situation um Rat fragten, und der meist versuchte, einfühlsam zu antworten. Obwohl ihm selbst nicht immer danach zumute war.

◆ Oder wie **Montaigne**, der Jurist und Bürgermeister von Bordeaux, der seine Türen in den Bürgerkriegen offen hielt. Der so viel vom Menschen wusste und doch nicht behauptete, er wisse viel oder mehr von der Welt, vielmehr als Wahlspruch das »Que sais-je?« wählte. Seinen Gedanken, die eigentlich innere Zwiegespräche sind, gab er den lapidaren Titel *Essais*. Später wurde daraus eine Gattungsbezeichnung.

◆ Oder wie **Ralph Waldo Emerson**, der Beobachter, Schriftsteller und Philosoph aus Boston, MA, der Millionen Menschen weltweit inspirierte. Der als Gegner der Sklaverei Abraham Lincoln beeinflusste und nach dessen Ermordung die Trauerrede hielt. Seine Essays und Porträts von »Repräsentanten der Menschheit« wurden von vielen Zeitgenossen als geistige Unabhängigkeitserklärung Amerikas begriffen.

◆ Oder wie **Olga Tokarczuk**, die polnische Schriftstellerin, Psychologin und Schülerin C. G. Jungs, die einige Jahre als Therapeutin in einem

Heim für verhaltensauffällige Jugendliche tätig war. Ihre Bücher sind in 47 Ländern erschienen. 2019 wurde ihr der Nobelpreis für Literatur zuerkannt. Für ihre erzählerische Kraft und enzyklopädische Leidenschaft, die »das Überschreiten von Grenzen als Lebensform darstellt«.

◆ Oder wie **Maria Popova**, die Autorin, Gründerin der Online-Plattform Brain Pickings und Erkunderin vergessener Kontinente bahnbrechender Erfindungen von Ingenieurinnen, Astronominnen, Visionärinnen und Dichterinnen des 19. und 20. Jahrhunderts. Ihr Buch heißt Findungen. Sie fragt, wie ein gutes sinnerfülltes Leben möglich sein kann, und schreibt: »Es gibt viele Arten von schönem Leben.«

Ich gestehe, die Auswahl ist mir schwergefallen. Ich hatte auch Alfred Adler, Daniel Kahneman, Marcel Proust, Goethe, Lin Yutang, Iwan Turgenjew und einige andere Kandidat:innen auf meiner »Shortlist«. Aber Anregungen geben und eine Auswahl treffen müssen sind fast das Gleiche.

Selbst machen. Unternehmerisch.
Gemeinschaftlich. Gestalten.

Weg 4: Energien verwandeln.
Nachhaltig zirkulär.

Weg 5: Brücken bauen.
Zuhörend und kooperativ.

Weg 6: Gestalten. Schön einfach.

Dritter Teil

BAUE BRÜCKEN!

VERWANDLE ENERGIEN!

Weg 4: Energien verwandeln. Nachhaltig zirkulär

Über Zorn, neue Modelle und neue Energien. Gutes Leben. Selbst machen.

Momentan kommt vieles zusammen. Viele Katastrophen und für viele eine so noch nicht gekannte Notlage. Ist das nur mein Eindruck? Und wir selbst? Macht uns Not erfinderisch? Solidarisch? Hilfsbereit? Zornig? Rebellisch? Aggressiv? Apathisch?

Dass wir es mit einer Notsituation zu tun haben könnten, klang spätestens in einer Rede in Davos 2019 beim Weltwirtschaftsforum an: »Our House is On Fire.« »Ich möchte, dass ihr so handelt, als ob unser Haus in Flammen steht«, waren die Worte von Greta Thunberg. Im Sommer und Herbst 2022 mit ihren Rekordtemperaturen haben wohl die meisten in Europa gemerkt, dass dies nicht nur eine Metapher war.

Manche, zu deren Beruf es gehört, datengestützte Analysen zu verwerten und daraus Kapital zu schlagen, haben das schon vorher kapiert.
2018 wurde der Cyberforscher Douglas Rushkoff von Investmentbankern zu einem Vortrag eingeladen. Thema »The Future of Technology«. Als er eintrifft, denkt er: Gleich kommt er in einen Saal und wird verkabelt. Nichts dergleichen. Er wird in eine Art Boardroom, in ein Hinterzimmer geführt. Da sitzen nur fünf Männer, fünf der reichsten Investmentbanker der Welt. Sie wollen nichts von ihm wissen über Technology, über 3D, VR, die nächste Internet- oder KI-Generation. Das kennen sie alles. Was sie nach ein paar Plaudereien über Bitcoins wirklich interessiert, ist: »The Next Day After«. Ich übersetze es einmal so: Wie können wir überleben, wenn es so weit ist? Welche Länder und Regionen der Welt werden am wenigsten von der großen Klimakatastrophe heimgesucht werden? Haben wir da mit unseren befestigten Anwesen richtig investiert? Sind wir da sicher? Schwierigste Frage: Was können wir tun, um unser Wachpersonal bei der Stange zu halten?

Nein, nein, Herr Rushkoff, Sie haben uns da nicht richtig verstanden, nicht mit Geld. Das wird dann ja keine Rolle mehr spielen. Es geht darum, uns vor dem wütenden Mob zu schützen.

Und wenn von Wachen die Rede ist, denken wir unwillkürlich an die Villen und Paläste der reichsten Oligarchen, von denen wir ab und zu einiges zu sehen bekommen. In dem großen Gefängnis, in dem nicht einmal in den Hinterzimmern ehrlich über die Klimakatastrophe gesprochen werden kann. Schon gar nicht von Andersdenkenden.

Ich kann verstehen, wenn da jemand zornig wird. Es gibt viele Gründe dafür in diesen Tagen.
Aber was hilft's? Hilft es uns oder den anderen? Oder der Natur?

Wenn die gesamte Welt aus den Fugen gerät

Die nachfolgenden Briefzeilen sind mir in den letzten Tagen wieder in die Hand gefallen. Sie sind im Krieg, aus dem Gefängnis heraus geschrieben. Ich habe nie geglaubt, dass das irgendwann wieder aktuell werden würde:

»Dir ist wohl jetzt die Lust zur Musik, wie zu allem, für eine ganze Weile vergangen, Dein Kopf ist voller Sorgen um die schiefgehende Weltgeschichte […]. Und Jeder, der mir schreibt, stöhnt und seufzt gleichfalls. Ich finde nichts lächerlicher als das. Begreifst Du denn nicht, daß der allgemeine Dalles viel zu groß ist, um über ihn zu stöhnen? Ich kann mich grämen, wenn meine Katze Mimi krank wird, oder wenn Dir etwas fehlt. Aber wenn die gesamte Welt aus den Fugen geht, da suche ich nur zu begreifen, was und weshalb es passiert ist, und hab ich meine Pflicht getan, dann bin ich weiter ruhig und guter Dinge. Ultra posse nemo obligatur. Und dann bleibt mir noch Alles, was mich sonst erfreute: Musik und Malerei und Wolken und das Botanisieren im Frühling und gute Bücher und Mimi und Du und noch manches – kurz, ich bin steinreich und gedenke es bis zum Schluß zu bleiben.« Rosa Luxemburg. Brief an Luise Kautsky, 26. Januar 1917, aus der Festung Wronke.

Das Botanisieren, die Beziehung zur Natur verband sie übrigens mit Goethe. Den sie in ihrem Brief als Beispiel nennt. Der es schaffte, in einer Welt ununterbrochener Kriege von 1792 bis 1815 – »wo die Zeit wie ein losgelassenes Irrenhaus aussah« – das geistige Gleichgewicht zu bewahren, so ihr Eindruck. Indem er nicht aufhörte, sich mit Kunst, Wissenschaft und Natur zu beschäftigen und die Vielfalt des Lebens experimentell zu studieren und zu bewundern.

A new model

Den Zorn und die negativen Energien verwandeln in positive Energie. Geht das? Geht das in dieser Zeit? Vielleicht können wir uns etwas abschauen von der Natur?

Das war die Idee des Ingenieurs, Architekten, Designers, Autors der berühmten *Bedienungsanleitung für das Raumschiff Erde* und Visionärs einer nachhaltigen Zukunft, Richard »Bucky« Buckminster Fuller, der sich sein ganzes Leben dafür einsetzte, funktionierende Mittel zur Verhinderung des »kosmischen Bankrotts« unserer Zivilisation zu entwickeln. Fuller sagte einmal:
»You never change things by fighting the existing reality. To change something, build a new model that makes the existing model obsolete.«

Wir ändern uns nicht, wenn wir dazu aufgefordert werden, uns zu ändern. Änderungen funktionieren – wenn überhaupt – nur durch Beispiele und Modelle, die uns zeigen, dass Neues funktioniert und wie es funktioniert.

Auf dem Weg zur Energie-Autarkie

Vor einigen Monaten war ich in Starnberg eingeladen. Zu einem jungen Unternehmen, das dabei weit nach vorn denkt: white energy. Mit Machern, die viel Leidenschaft und viel Erfahrung haben. Andreas Seebach und Holger Garbrecht. In der Kombination neuer Energien. Sonnenenergie und Wasserstoff. Strom-Wärme-Kopplung. Von der Fotovoltaik bis zur Brennstoffzelle. Alle modernen Technologien aus dem Strom-, Wärme- und Mobilitätssektor gekoppelt und vernetzt. Mit einer intelligenten Steuerung. Nicht für neue, futuristische Gebäude in den Metropolen, sondern für normale Bestandsgebäude, für alle. Auf dem Weg zur Energie-Autarkie. Der klassische Energieversorger wird hier nicht mehr gebraucht. Fast nicht mehr. Jedenfalls nicht mehr wie bisher. Weder für den Strom noch für die Wärme.

Das ist mehr als nur eine Vision. Das kann heute im Prinzip jede Wohnungsbaugenossenschaft, jedes Quartier, jede Gemeinde. Jede Hausgemeinschaft. Wenn sie anfangen und wenn sie kooperieren. Und es mehren sich die Berichte über ähnliche Projekte. In Gettorf in Schleswig-Holstein, in Hilden in Nordrhein-Westfalen, in Ursprung in Sachsen, in Aschersleben in Sachsen-Anhalt, in Feldheim oder in Prenzlau in Brandenburg, in Kněžice in Tschechien, in Brütten bei Winterthur, in Güssing im Südburgenland, in St. Peter in Baden-Württemberg, im Rhein-Hunsrück-Kreis in Rheinland-Pfalz. Und in vielen anderen, hier nicht genannten Orten. Mit unterschiedlichen Konzepten und einem gemeinsamen Ziel: selbst machen, die Abhängigkeit reduzieren, das Neue selbst entstehen lassen.

Die Medien schauen in dieser Zeit oft auf das Große: auf die großen Versorger, auf die große Politik, auf die großen Versäumnisse, auf die große Knappheit. Auf die großen Rettungsversuche. Das ist wichtig. Aber der andere Blick ist ebenso wichtig. Denn hier geht es gerade – noch nicht von allen bemerkt – auch um eine Zeitenwende. Noch nie waren die Menschen in der Lage, sich auch energetisch selbst zu versorgen – und zwar ohne ihre eigenen Ressourcen zu verbrennen oder die anderer Völker. Gerade jetzt, wo die äußere Not uns zum Energiesparen zwingt, sind die inneren Kräfte ausgereift genug, diese Umwandlung zu meistern. In vielen Bereichen. Und dabei autarker zu werden. Dezentral, demokratisch, kooperativ. Nicht mehr darauf bauen, dass andere uns vollständig mit Energie versorgen. Wir können sie selbst umwandeln.

Das geht nicht überall so schnell, wie wir es wünschen. Vor allem in den energieintensiven Branchen des Handwerks und der Industrie nicht. Und schon gar nicht geht es durch Verordnungen, deren Folgen nicht bedacht wurden. Aber vieles geht, wenn wir selbst beginnen, innerlich umzustellen. Dinge verwandeln durch Kreativität und durch Zähigkeit, durch innovative Technologien und durch Kooperation. Aus wenigem etwas Gutes machen. Das ist das innere Leitmotiv.

Die zweite Chance?

Ich habe das erste Mal seit vielen Jahren wieder das Gefühl, dass eine große gesellschaftliche Vision zusammentrifft mit verfügbaren Technologien. Und einer breiten gesellschaftlichen Bewegung. Die manchmal weiter ist als die Politik.

Der Investor Alexander Samwer sieht »in der Energiewende die zweite Chance für Deutschland und Europa«, nachdem »das erste Rennen ums Internet« an das Silicon Valley verloren wurde.

Ob diese Chance genutzt wird? Ich kann diese Frage nicht allgemein, nicht im Großen und Ganzen beantworten.
Ich weiß nur, dass die Energiemacher von Starnberg diese Chance für sich genutzt haben. Sie haben einfach angefangen, es selbst zu machen. Und sind drangeblieben. Sie haben ein Modell geschaffen. Sie nennen es: »Das Haus«. Auch ein Modell für die Gemeinde Icking, für eine genossenschaftliche Lösung. Und ein Vorbild für andere Gemeinden in Deutschland. Ein Haus, in dem man leben kann, gerne leben kann. Denn zugleich, flankierend zur energetischen Lösung, wurde einiges andere Lebenswichtige mit entwickelt. Ein schöner, duftender und nützlicher Natur- und Kräutergarten, angelegt von der Künstlerin Sabine Kirchhoff. Auch ein Aspekt des Selbermachens, das manchmal durch das Kochen und gemeinsame Essen mit den Besuchern abgerundet wird.

Was zählt?

Über Kräutergärten und Selbstversorgung zu reden, hat hierzulande manchmal einen seltsamen Beigeschmack. Vielleicht gehört das noch zum alten Denken, das so stolz auf seine effizienten Lieferketten und großen Versorger für Energie und Lebensmittel war, auf die Tomaten aus den Plastikhäusern von El Ejido und das Fleisch aus Rheda-Wiedenbrück.

Ich erinnere mich noch gut an einen Vortrag, den ich vor einigen Jahren bei einer Kundenveranstaltung eines großen Wohnungsbau-Unternehmens hielt. In einem Hotel in Bad Saarow, das für solche Events zugeschnitten war. Nach mir sprach der Chef von Neuland über das Programm einer artgerechten Tierhaltung, anschaulich und praxisnah, unterstützt durch Beispiele seines eigenen Hofs.

Als er fertig war, kam eine Dame aufgeregt auf ihn zu und machte ihn nieder. Das sei ein Programm, das an den Bedürfnissen der arbeitenden Bevölkerung vorbeigehe. Menschen mit geringem Einkommen könnten sich so etwas nicht leisten. Das sei eine Unverschämtheit. Und so in dem Ton immer weiter. Zwischendurch stellte sie sich vor als Landtagsabgeordnete einer Partei, die immer für die Belange der arbeitenden Menschen im Lande eingetreten sei. Man merkte ihr an, dass sie nicht einmal im Ansatz verstanden hatte, worum es dem Landwirt ging. Billig, Menge und Mägen füllen, das waren die einzigen Kategorien, die für sie zählten.

Fair und vernetzt

Ein paar Wochen vor dem Treffen in Starnberg war ich bei der Mitgliederversammlung von Fair'n Green. Das Netzwerk, das sich rund um den gleichnamigen Standard für Nachhaltigkeit gebildet hat und in den letzten Jahren enorm gewachsen ist. Der Initiator Keith Ulrich war früher Innovationschef der DHL und dort einer der Pioniere der Idee einer grünen Logistik. Ob es geht, in der Logistik bei einem großen Unternehmen CO_2-Emissionen zu reduzieren? Eigentlich fast unmöglich. Gerade das hat ihn gereizt.

Mit dieser Haltung hat er sich selbstständig gemacht. Nachhaltigkeit und CO_2-Reduktion für kleine und mittelständische Unternehmen. Nun geschah etwas, was er so gar nicht geplant hatte. Besonders interessiert an dem Thema waren innovative Winzer. Sie spürten, dass Nachhaltigkeit und Weinbau eine Liebesheirat sind. Da muss man nicht eine künstliche Verbindung herstellen, nichts aufbauschen oder mit irgendetwas drohen: Wer guten Wein herstellt, denkt nachhaltig. (Sofern er oder sie nicht von einem mächtigen Vertriebspartner zu einem anderen Handeln getrieben wird.)

Viele namhafte Weingüter sind inzwischen in diesem Netzwerk. Auch Betriebe aus der Schweiz, aus Spanien oder Israel. Es gibt einen intensiven Austausch untereinander und einen ebenso intensiven mit der Forschung. Es werden Zukunftsthemen wie Agri-Fotovoltaik besprochen. Es wird intensiv über die Frage diskutiert, wie sich mittels neuer Energien Kosten einsparen lassen. Und es wird über die Frage nachgedacht, wie die Biodiversität gefördert werden kann. Der Apollofalter ist zum Sinnbild dieser Bewegung geworden. An der Terrassenmosel hat der Bestand des stark gefährdeten großen Schmetterlings mit der auffälligen schönen Flügelzeichnung wieder zugenommen. Denn Vielfalt ist nicht nur schön, sondern nützlich, lebensnotwendig.

Kreisläufe

Und hier laufen die Fäden zusammen: Nachhaltigkeit ist kein Müssen. Nachhaltigkeit ist auch noch etwas anderes als mehr Effizienz in den Prozessen oder in der Ressourcenbeschaffung. Nachhaltigkeit ist auch nicht nur ein Säulendiagramm (z. B. mit der Überschrift ESG), das wir abzuarbeiten haben. Es mag das alles auch sein. Aber im Kern ist sie eine selbstgewählte Denkweise. Eine Einstellung und ein Handeln aus eigener Überzeugung und vernünftiger Überlegung. Und meist, so meine Beobachtung, wird das Thema Nachhaltigkeit erst richtig ernst genommen und vorangetrieben, wenn die äußeren Anforderungen und eine intrinsische Motivation zusammenkommen.

Nachhaltigkeit ergibt sich fast von allein, wenn wir aufmerksam die Kreisläufe der Natur betrachten. Und die Wechselwirkungen unseres Tuns mit der Natur.
So ist der Begriff ursprünglich ja auch entstanden. In der Forstwirtschaft. Durch einfaches Hinschauen des sächsischen Oberberghauptmanns Hans Carl von Carlowitz. Seine Idee war: nicht mehr Bäume schlagen, als nachwachsen können.
Carlowitz sprach von einer »klugen Art der Waldbewirtschaftung« und von einer »beständigen und nachhaltenden Nutzung des Waldes«. Eigentlich ganz simpel.

Nachhaltigkeit entsteht aus der Beobachtung, was gut ist. Für den Wald. Für den Boden. Für das Klima. Für die Früchte. Für den Weizen. Für den Wein. Für eine intakte Umwelt. Für das Leben. Für unsere Ernährung. Für uns selbst. Und vor allem für die nächsten Generationen.

Es geht um gutes Leben. Seit Platon und Aristoteles die Kernfrage des Lebens und der Philosophie. Sie ist jetzt zur Kernfrage unserer Zivilisation geworden.

That's the way

Vor einiger Zeit machte man im New College in Oxford eine unliebsame Entdeckung. Das New College ist für Oxford eine ziemlich junge Universität – sie stammt aus dem 14. Jahrhundert. Dort gibt es einen hohen Speisesaal, dessen Decke mit mächtigen Eichenbalken konstruiert ist. Alles war schön und gut bis zu dem Zeitpunkt, als jemand darauf aufmerksam machte, dass Holzkäfer das Gebälk zu zerfressen begannen. Was tun? Wo sollte man Ersatz für die Balken bekommen: zwölf Meter lang und sechzig Zentimeter dick? Das war in ganz England kaum zu finden. Der College Council war ziemlich verzweifelt – bis ihn eines Tages jemand mit der Information überraschte: Auf dem College-Gelände wachsen Eichenbäume. Der herbeizitierte Förster erzählte: Diese Bäume seien bei der Gründung des College bewusst gepflanzt worden, weil man wusste, dass nach ein paar Hundert Jahren auch die besten Stämme ausgewechselt werden müssen. Das Wissen darüber sei von Förster zu Förster tradiert worden. »That's the way to run a culture«, wie Gregory Bateson sagte, der diese Geschichte erzählt.

Mir fällt dabei der Wortwechsel ein, den einst ein Reporter mit Gandhi hatte: Der Reporter: »What do you think of the civilization of the western world, Mr. Gandhi?« – Mahatma Gandhi: »I think it would be a very good idea.«

Der andere Zugang

Es gelte einen »zivilisatorischen Übergang« zu schaffen, sagt der Klimaforscher Hans Joachim Schellnhuber. In einer Zeit, in der sehr viel Zorn und Not in der Welt sind. Das geht nur kooperativ, mit Kreativität und Freundlichkeit. Und mit dem »Selber-Machen«.

Die Politik kann dafür einen Rahmen schaffen. Technologie und Wirtschaft können dafür Innovationen entwickeln. Städte und Gemeinden können Vorreiter sein, dafür gemeinschaftliche Projekte zu entwickeln. Entscheidend wird stets sein, ob die Menschen im Inneren diese Veränderung bejahen. Ob sie verstehen, dass es um ihr gutes Leben geht. Ob sie es wirklich, wirklich wollen.

Und wir selbst?

Es wird oft gefragt: Können wir die Klimakatastrophe noch aufhalten? Bei den Antworten auf diese Fragen bilden sich sofort verschiedene Fraktionen.

Lebenskunst stellt diese Frage nicht. Zumindest stellt sie sie nicht in den Mittelpunkt. Sie macht ihr Tun nicht davon abhängig, wie Experten diese Frage beantworten.

Sie weiß keinen Rat für die Politik, wie diese am wirksamsten die allgemeine Mangelsituation in der großräumigen europäischen und deutschen Energieversorgung beheben kann. Und hätte sie einen, käme dieser sicher zu spät. Sie hat generell keine besseren Vorschläge als die Experten im Kampf gegen den Klimawandel und für eine Energiewende.

Sie plädiert nur dafür, bei all den großen Kämpfen, noch einmal einen Augenblick hinzuschauen, was in unserer Macht steht, was wir wirklich selbst beeinflussen können.

Dazu gehört eine geduldige, freundliche Kreativität. Wir haben keine Zeit zu verlieren, könnte der Einwand lauten. Ja, gerade deshalb.

Lebenskunst hat einen anderen Zugang zum Lebensnotwendigen. Dieser hat viel mit den eben genannten Beispielen zu tun. Und mit den positiven Modellen, die dahinterstehen. Zugespitzt formuliert:
Lebenskunst macht aus der Überlebensfrage (die es zweifellos ist) eine Lebensfrage, eine Frage des guten Lebens. Also aus der Not-Wendigkeit eine Seinsfrage und eine Sinnfrage mit Blick auf die kommenden Generationen. Es geht ums Überleben, ja. Gerade deshalb gilt es, das Leben lebenswert zu machen. Und autarker zu werden.
Das ist ihr Ethos, ihre Ethik. Danach richtet sie sich. Und Ethik ist etwas anderes als Moralisieren. Sie sagt nicht: Ich weiß es besser. Ich habe recht. Ich verhalte mich richtig. Ihr verhaltet euch falsch. Ihr müsst, du musst, wir

müssen, die Welt muss, der Nachbar muss. Sie macht selbst etwas. Was sie vermag. Meistens wird es zu wenig sein.

Zu früh?

Manchmal gelingt ihr selbst das wenige nicht auf Anhieb. Vielleicht war sie noch nicht so weit. 1998 hatten wir im Bergweg-Forum ein inspirierendes Gespräch mit Klaus Hasselmann, dem Pionier der Klimaforschung und Leiter des Max-Planck-Instituts für Meteorologie, der sehr viel später mit dem Nobelpreis für Physik ausgezeichnet wurde. »Klimamodelle – Klimaszenarien – Klimaschutz« lautete das Thema. Wir haben dabei auch über Möglichkeiten gesprochen, CO_2-Emissionen zu reduzieren. Oder Kohlenstoffsenken zu schaffen. Zum Beispiel durch Aufforstungsmaßnahmen. Uns wurde bewusst, dass dies nur ein sehr begrenzter Beitrag zur Entschärfung des Problems sein könnte. Aber ließ sich nicht doch was daraus machen? Ich hatte irgendwann die Idee zu einer Initiative: »Ein Mensch. Ein Baum. Eine Welt.« Mit der Unterzeile »Schenken Sie einen Geburtstagsbaum«. Die Überlegung dabei: Es gibt die Sitte, zum Weihnachtsfest Bäume zu schlagen und in die Häuser zu stellen. Wäre es nicht Zeit, ein ähnliches Ritual mit anderer Sinngebung und umgekehrter Bewegungsrichtung zu schaffen? Zur Geburt bzw. zum Geburtstag eines Menschen wird ein Baum geschenkt und gepflanzt. (Was in manchen Traditionen nicht unbekannt ist.) Wenn der Mensch wächst, wächst auch der Baum.
Ich habe eine Weile versucht, mit Freunden und Kollegen zusammen, diese Idee weiterzutreiben. Es hat dazu viele Gespräche gegeben. Aber irgendwann ging es nicht weiter. Und es sollte wohl so sein. War die Zeit noch nicht reif? Oder war ich dafür noch nicht reif? Wahrscheinlich hätte ich mich hundertprozentig auf diese Idee konzentrieren müssen. Wer weiß?

Versuchen wir es

Lebenskunst sagt: Fangen wir immer wieder noch einmal an. Probieren wir es aus. Kooperativ. Was auch immer passiert. Versuchen wir das, was wir vermögen. In unserem Umfeld. Mit unserer Kreativität. Mit unserer Geduld. Unabhängig davon, wie die »Großwetterlage« aussieht. Sie versucht, unabhängig zu sein und zu handeln. Autonomie ist ihr wichtig, wie jeder Kunst.

Vielleicht hat sie auch deshalb so große Sympathie für den Gedanken der Energie-Autarkie.

Sie dreht die Dinge. Sie verwandelt Energien. Sie dreht auch manchmal ganz spielerisch unsere Sichtweise. In der *New York Times* wurde im Herbst 2020 das erste Mal dieser Text veröffentlicht:

> »We're all screwed
> So don't tell us that
> We can imagine a healthy planet
> Because at the end of the day
> It's too late to fix the climate crisis
> And we refuse to believe
> We need to demand a liveable future
> Because we don't have a choice
> (Now read this bottom up)«

Es war der Text eines Plakats des kalifornischen Unternehmens Patagonia, das sich seit Jahren konsequent für die Belange der Natur und der Umwelt einsetzt. Es ist Mitbegründer der Allianz *One Percent for the Planet* und hat sich verpflichtet, ein Prozent des Umsatzes oder zehn Prozent des Gewinns an Umweltorganisationen zu spenden.

Verwundungen trotzen

Ganz tief im Innern spüren wir, dass Kunst es von jeher als ihre Aufgabe verstanden hat, in Notsituationen, im Schrecken, bei Verletzungen etwas zu schaffen, was den Verwundungen trotzt. Ob Amulett, Zeichnung, Lied oder Tanz. Die Frage ist, hat der Dichter Peter Rühmkorf einmal formuliert, ob Kunst nicht auch »der Bedrückung und dem Mangel entspringt und der Bedürftigkeit wenigstens den Fetisch einer verlorenen Ganzheit zu entbieten sucht«. Die Künste und die Heilkünste haben manche Gemeinsamkeiten.

Eine kleine Geschichte mag das unterstreichen. Eine Geschichte von Milton H. Erickson, die sich vor einiger Zeit in den USA, in Milwaukee, ereignete. Der Therapeut Erickson war bekannt dafür, dass er scheinbar unmögliche Aufgaben übernahm. So auch diesmal. Ein Freund bat ihn, eine ältere Dame zu besuchen, die sich nach einem Unfall nur noch in einem Rollstuhl bewegen konnte und die zunehmend depressiver wurde. Der Freund (selbst ein Therapeut) sagte, er und Kollegen von ihm hätten schon alles Mögliche versucht, aber ohne Erfolg. Jetzt befürchte er das Schlimmste. Erickson fährt nach Milwaukee, wird von der gebrechlich wirkenden Dame im Rollstuhl an der Tür empfangen. Sie führt ihn durch ihr Haus, eine große Villa mit zahlreichen Räumen. Alle Räume sind verdunkelt, die Vorhänge zugezogen, die Möbel scheinen aus einer anderen Zeit zu stammen. Es riecht ein wenig muffig im gesamten Gebäude. Zum Schluss kommen sie auf eine große Veranda. Hier ist es freundlich und hell. Hier kommt es zu einem längeren Gespräch. Die Dame beginnt, sich zu öffnen und zu erzählen. Während ihrer Erzählung sieht Erickson aus einem Augenwinkel auf einem kleinen Tischchen ein Gemeindeblättchen liegen. Auf einem anderen, größeren Tisch stehen eine Menge Pflanzen. Darunter zahlreiche Exemplare des Usambaraveilchens, auch African Violett genannt. Gerade eben scheint die Dame noch einige umgetopft zu haben. Erickson, der manchmal provozierend sein konnte, gibt dem Gespräch eine andere Wendung: »Ihr eigentliches Problem ist nicht ihre Depression. Sie sind keine gute Christin.« Die Dame protestiert. Erickson fährt fort: »Wären Sie eine gute Christin, würden Sie jedes Mal, wenn in Ihrer Gemeinde ein Geburtstag oder eine Hochzeit ansteht oder Sie von jemandem hören, der krank ist, einen Setzling Ihrer schönen Veilchen nehmen und diesen verschenken. Sie würden es nicht schicken, sondern persönlich übergeben. Sie haben ja einen Fahrer, der Sie bringen kann.« Das war das Ende des Gesprächs. Aber nicht das Ende der Geschichte. Zwanzig Jahre später erschien die Tageszeitung von Milwaukee mit dem Aufmacher: »African Violett Queen of Milwaukee Died. Mourned by Thousands.«

How many times …

Wir haben uns zu viel rausgenommen. Und nehmen uns zu viel raus.
Aus der Natur. Aus der Erde. Aus dem Boden.
Extraktion heißt der technische Ausdruck dafür.
Meist wollen wir gar nicht wissen, aus welchem Boden unsere Schätze stammen. Und wie es dort aussieht. Ob in Guatemala, in Nigeria oder in Sierra Leone. Die Verwüstungen, die Menschen dort angerichtet haben, stehen kaum zurück hinter denen, die sie in Kriegen anrichten. Ilija Trojanow hat

in seiner Rede zur Eröffnung der Salzburger Festspiele 2022 für einen Augenblick den Schleier gelüftet.

Wir werden das nicht so einfach abstellen können. Und nicht so einfach umstellen können, was wir im großen Stil vor hundert und noch mal hundert Jahren systematisch begonnen haben. Für einen Moment rede ich vom großen Wir der Menschen, von all ihren großen Organisationen, großen Projekten und großen Geschäften über große Zeiträume hinweg. Bis heute würde kein großes und kein kleines Auto, auch kein E-Auto, fahren, ohne das weltweite Geschäft mit diesen Schätzen.

Und was wir uns rausgenommen haben, werfen wir wieder weg. Was da wo und wie später landet, wollen wir auch nicht immer wissen. Die Meeresbewohner könnten es uns sagen.

>»Yes, and how many times can a man turn his head
and pretend that he just doesn't see?«

Wie viele Generationen wird es brauchen? Keine Ahnung.
Viel wichtiger ist, dass Menschen im Kleinen zu zeigen beginnen, dass ein anderes Prinzip funktioniert. Auch in Organisationen, die bisher eine andere Logik verfolgt haben. »Cradle to cradle« zum Beispiel, vom Ursprung zum Ursprung. Eine durchgängige Kreislaufwirtschaft. Das ist das Ziel, das der Chemiker Michael Braungart seit Jahren verfolgt. Ebenso wie Monika Griefahn, Sarah Wiener und viele andere. Wie Bjarke Ingels, Christian Bason und zahlreiche kreative Architekten und Ingenieure in Dänemark und in anderen skandinavischen Ländern. Eine Welt ohne Abfall und Schmutz innovativ und gut zu gestalten – das bewegt sie.

Noch viel zu wenige. Auch hier gilt: Es geht nur mit Zähigkeit und kreativer Freundlichkeit. Mit Beispielen, die überzeugen. Und mit Akteuren, die persönlich vorangehen. Die einfach anfangen.

Gerade jetzt

Ich beobachte in letzter Zeit oft sehr unterschiedliche Arten von Gesprächen.
Mit einer unterschiedlichen Tonlage:
Hier das: »Wir machen es selbst.« Wir erzeugen die Energie selbst, die wir verbrauchen. In unserer Gemeinde. In unserem Haus. In unserem Einflussbereich. Zum Beispiel genossenschaftlich.
Dort das: »Die sollen es machen.« Die anderen. Die Energieversorgung sichern. Auf erneuerbare Energien umstellen, etwas gegen die steigenden Preise unternehmen etc. Mit diesen Schritten. Mit diesen Mitteln, die wir für richtig halten.

Im ersten Fall gibt es keineswegs immer gleich Konsens. Da ist viel Redebedarf. Aber irgendwann kommt es zu einem: »So machen wir es!« Und dann ziehen die meisten mit.
Im zweiten Fall beginnt das Gespräch oft einträchtig. Die meisten sind der Überzeugung: Es müsste mehr gegen den Klimawandel getan werden, die erneuerbaren Energien müssten rasch ausgebaut werden. Zumindest war das der große Konsens vor dem Ende der billigen Energie aus Russland. Aber manchmal droht das Gespräch zu kippen.

Der Streit über das »Wie« nimmt Fahrt auf. Oder über bürokratische Hindernisse. Spätestens jetzt spürt jeder: Die Klimafrage und die Energiefrage werden zu sozialen Fragen. Einen kleinen Vorgeschmack gab eine Sendung mit Markus Lanz während der Klimakonferenz von Glasgow am 4. November 2021. Da waren Ukrainekrieg und Energiekrise noch in weiter Ferne. In der Runde waren der Wissenschaftsjournalist Harald Lesch, der Investor und Unternehmer Frank Thelen, die Professorin für Gebäudetechnologie Lamia Messari-Becker und der Wirtschaftsexperte Marcel Fratzscher.
Alle waren sich einig: Wir brauchen endlich klare Maßnahmen gegen die Erderwärmung. Kein weiteres Blablabla, sondern Handeln. Die Teilnehmer waren sich einig mit den Demonstranten in Glasgow. Raus aus allem, was Kohlendioxid emittiert. Doch sehr bald bröckelte die Einigkeit. Bevor sie zerbrach. Wie geht das mit dem Ausbau der Erneuerbaren? Was bedeutet das konkret? Windkraft und Sonnenenergie, ja. Aber wie? Und wie schnell? Und was ist mit der Speichertechnologie? Welche Hindernisse gibt es da weiterhin in Deutschland?

Harald Lesch rechnete vor: Allein in Bayern müssten ab sofort jede Woche zwei neue Windräder installiert werden. Aber wie soll das gehen? Bei der Geschwindigkeit, mit der bisher Windräder gebaut wurden? Und bisher genehmigt wurden. Fünf bis sechs Jahre dauerte die Genehmigung im Schnitt. Wer kann das ändern? Und wie? Reichen Windkraft und Sonnenenergie aus? Oder brauchen wir nicht doch Atomkraft? Und als es zum Thema Atomkraft kommt, »fliegen die Fetzen«, wie die *Frankfurter Rundschau* schrieb.

Dabei waren sich doch im Prinzip alle einig. Es war eine Runde von zivilisierten, gut- und veränderungswilligen Kollegen zusammengekommen. Niemand fiel aus seiner Rolle oder fuhr aus der Haut. Was passiert, wenn sich Knappheit und Mangel stärker bemerkbar machen? Wenn hohe Energiepreise und Inflation nicht schnell genug zurückgehen? Wenn wir einschneidende Wohlstandsverluste erleben? »Wir wissen noch nicht, wie diese Krise uns verändern wird«, sagt der Soziologe Steffen Mau im Herbst 2022.

Brauchen wir nicht gerade dann das »Energien-Verwandeln« noch in einem anderen Sinn, den wir nicht unterschätzen sollten?

Und dann die erwähnten bürokratischen Hindernisse. Wir wissen, dass viele Initiativen zur Erneuerung und zum Selbermachen in unserer Bürokratie ersticken. In einer »Vision 2050«, die ich für den im Auftrag der Bundesregierung arbeitenden *Rat für nachhaltige Entwicklung* vor über zehn Jahren verfasst habe (mit dem Titel *Deutschland als lernende Nation*), hatte ich manches befürchtet: »dass die energiepolitische Erneuerung Deutschlands sozusagen auf dem flachen Land stecken blieb [...]. Und viele Menschen waren irgendwann verwirrt.«

Weg 5: Brücken bauen. Zuhörend und kooperativ

Noch mal anfangen. Soziales Lernen. Soziale Innovation. Soziale Kooperation.

Zwei Jungen begegnen im Wald plötzlich einem angriffslustigen Grizzly-bären. Während der eine Junge in Panik gerät, zieht der zweite in aller Ruhe seine Joggingschuhe an. »Bist du wahnsinnig? Wir können unmöglich schneller laufen als der Grizzly«, schreit der erste. »Richtig«, gibt der andere zurück. »Aber ich muss ja nur schneller laufen als du!«

Zweifellos ein einleuchtendes Kalkül. Die Geschichte stammt aus einem Buch des US-Psychologen Robert J. Sternberg. Ein erfolgreicher Titel in den 90er-Jahren. Der smarte Junge mit den Joggingschuhen. Ein Renner, der die Lacher auf seiner Seite hat.

Chicago

Ich war ein paar Jahre zuvor zu einem großen Kongress in Chicago eingeladen worden. Während der Veranstaltung stahl ich mich einmal für ein, zwei Stunden davon und erkundete die Umgebung, spielte Flaneur. Zunächst war ich in einer riesigen Mall. Da gab es alles in Hülle und Fülle. Marmor, Springbrunnen, Restaurants, die tollsten Geschäfte. Eine Stadt in der Stadt. Und: eine Festung. Denn ein paar Schritte weiter über die Straße war es anders. Da zerfiel die Stadt. Auf der einen Seite der Straße hatten die Jungs die Joggingschuhe, die sie sich wünschten; auf der anderen Seite mussten sie um ihr Leben laufen, um im Bild zu bleiben. Und ich hatte eine Vision, und zwar zunächst eine negative, eine dystopische. Ich fragte mich: Sieht so vielleicht die Zukunft aus? Auch anderswo? Erst später ist mir klar geworden, dass dieses Bild in meinem Unbewussten eine Weile gearbeitet hat. Bevor daraus etwas Positives entstehen konnte.

Szenenwechsel

Wir befinden uns in Dresden. Im Hotel Hilton. Am Ende eines ungewöhnlichen Konferenztages. Menschen, die sich sonst nie im Leben begegnet wären, haben zusammengesessen, sich gegenseitig beschnuppert. Nun essen sie gemeinsam. Das Essen wird serviert von den Kellnerinnen und Kellnern des Hotels, das die Veranstaltung mit gesponsert hat.

Schließlich der letzte Gang. Alle erwarteten einen opulenten Nachtisch. Stattdessen liegen auf den großen Tellern Nägel. Und ziemlich große Holzstücke. Jetzt heißt es, daraus etwas machen und anpacken. Alle tun es und bauen gemeinsam eine ansehnliche Holzbrücke. Sie trägt. Am Ende gehen alle über die Brücke. Alle – das sind einige Vertreter:innen von Firmen und viele mehr von Jugendorganisationen, sozialen und kommunalen Einrichtungen. Sie helfen mit, dass Städte, Regionen und Länder nicht auseinanderfallen.

Es war die Geburtsstunde von UPJ, des großen deutschen Netzwerkes für soziale Verantwortung und Corporate Citizenship. Mit Reinhard Lang (bis 2021) und Peter Kromminga an der Spitze. In dem heute viele renommierte Unternehmen von BMW bis Trumpf, von SAP bis Microsoft Mitglied sind. Als Mitbegründer habe ich 2022 den Festvortrag gehalten: zum Thema soziale Kooperationen.

Die Dresdner Veranstaltung 1996 war ursprünglich so gar nicht geplant. Eher das Ende einer jahrelangen frustrierenden Odyssee. Von Pontius zu Pilatus. Von CEO zu Minister. Alle klopften mir auf die Schulter. Nichts passierte. Dann schrieb ich einen Artikel. Im Hinterkopf hatte ich stets die Bilder aus Chicago. Irgendwann kam ein Anruf aus Sachsen. Daraus wurde besagter Kongress in Dresden, mit dem UPJ gegründet wurde. Mit dem Titel »Brücken bauen«. Soziale Kooperationen. Es war einer dieser glücklichen Zufälle, die manchmal unglaublich viel auslösen. Mit der selbst gebauten Brücke. Es war lebendig und ein wenig augenzwinkernd. Es gab ein gutes Gefühl. Die Gespräche fielen allen danach noch viel leichter.

»Brücken bauen«. Soziale Kooperationen zwischen denen, die ökonomisch stark sind, und denen, die auf anderen Gebieten stark sind, aber wirtschaftlich nicht. Mit der Frage: Können Unternehmen im sozialen Bereich, insbesondere im Jugend- und Bildungsbereich, nicht noch viel mehr tun? Und zwar grenzüberschreitend, innovativ, kooperativ? Zum wechselseitigen Nutzen? Das war die Idee.

Einige Jahre später

Hauptbahnhof München. Wir haben uns verabredet. Hier wird gleich eine Learning Journey beginnen. Die Teilnehmer kommen aus einem großen deutschen Telekommunikationsunternehmen. Treffpunkt: vor dem Starbucks. Direkt vor dem Eingang. Alle glauben: Das Coffee-House sei unsere erste Station. Doch dann kommt es anders. Wir gehen hundert Meter weiter. Dort befindet sich die evangelische Bahnhofsmission. Gabriele Ochse, die Leiterin der Mission, begrüßt uns. Und erzählt von ihrem Alltag. Von der Arbeit ihres Teams für die Menschen, die hier stranden. Von ihrer Art der Dienstleistung. Der Kaffee schmeckt auch hier gut. Nach einer anfänglichen Reserviertheit spüren die Teilnehmer, was hier geleistet wird. Sehr engagiert und sehr professionell. Es entsteht ein Gespräch, ein intensiver Austausch. Es ist die andere Sicht. Es ist, wenn auch nur für ein, zwei Stunden, ein Seitenwechsel. Niemand vergisst diese Geschichte.

Eine Art Spin-off des Themas »Brücken bauen«. Sich praktisch inspirieren lassen, von Menschen mit einer anderen Mission, in einer anderen Umgebung. Tatsächlich auf Reisen gehen – zu ungewöhnlichen Orten und außergewöhnlichen Menschen, von denen man etwas lernen kann. Ein wenig mehr Achtsamkeit, Empathie, soziale Kompetenz. Vielleicht auch eine andere Dimension der Kreativität. Kein Wissen für die Schublade. Für unser Leben.

Don't wait, innovate!

Etwa zeitgleich kam die Einladung an die HPI School of Design Thinking. Ob ich Lust hätte, an der Schule mitzuwirken? Klar hatte ich Lust. Auch wenn ich nicht wusste, was mich erwartete. Was ich dann erlebte, war für mich eine ganz persönliche Learning Journey. Eine neue Lebenserfahrung. Nicht, weil ich die Methode so umwerfend fand. Darüber hatte ich schon vorher einiges gelesen. Sondern weil die Art und Weise, wie sie hier praktiziert wurde, so umwerfend war. So lebendig. Interdisziplinär, interkulturell, grenzüberschreitend – einfach gemeinsam Probleme lösen. Student:innen und Coaches aus der ganzen Welt, aus unterschiedlichen Disziplinen, Kulturen, Systemen, Glaubensrichtungen kommen zusammen und entwickeln etwas zusammen. Geht das überhaupt? Ja, es geht.

Es kam viel zusammen, was in verschiedenen Disziplinen neu gedacht wurde. Und vor allem gab es einen Spirit. Nicht nur einen Team-Spirit wie in jedem Hochleistungsteam. Sondern noch etwas anderes, weiter Reichendes. Einen großen Glauben daran, dass ein neues Denken einer neuen Generation, eine neue Haltung, eine neue kreative und soziale Kompetenz irgendwie unwiderstehlich und unaufhaltsam seien.

In diesen Tagen leuchtete viel. Es schien irgendwie alles klar und für manche nur eine Frage der Zeit, bis das Neue überall einziehen würde. In die Chefetagen von Unternehmen wie in Ministerien. Neue Arbeitsweisen, Agilität, Collaboration plus Empathie, emotionale Intelligenz, soziale Kompetenz. Wertebasiert. Überhaupt eine neue Qualität der hierarchieübergreifenden Zusammenarbeit, der offenen Kommunikation, der Teamorientierung und der sozialen und nachhaltigen Verantwortung. Das »Yes, we can« fand ein vielstimmiges Echo in vielen Communitys.

War das alles falsch? Nein. Nur die Selbstgewissheit und die Selbstgerechtigkeit. Und die damit verbundene Unterschätzung der Ungewissheit – und der Beharrungskräfte des alten Adams.

Einschläge

Es kamen irritierende Nachrichten. Von Trump, Datenskandalen, Facebook-Deals, vom Brexit und von Fake News. Das war zunächst noch ziemlich weit weg. Dann kamen die Einschläge näher. Immer neue. Dabei hatten sich doch eigentlich alle etwas anderes vorgenommen.

Die Welt ist aus den Fugen. Das Wort fällt immer wieder. Damit einher gehen: Verunsicherung, manchmal Erregung, Empörung, Polarisierung. Wir haben das Gefühl, Soziales wird erst jetzt richtig zum Thema. Heftiger Streit überall, so scheint es. Irgendwas funktioniert nicht so, wie wir es uns vorgestellt haben. Hat das vielleicht etwas mit sozialer Kompetenz zu tun? Oder mit Intelligenz? Oder mit beidem? Oder ist das nur eine Vermutung?

Dabei wissen wir so viel. Es wurde in den vergangenen Jahrzehnten so viel geschrieben, geforscht, gesagt und trainiert – über soziale Kompetenzen, über Empathie und offene Kommunikation. Es gibt so viele schöne Etiketten, die das Soziale adressieren. Beginnend bei der Bezeichnung »soziale Medien«. Die doch eigentlich ein technologischer Fortschritt und Segen sind. Oder dies vorgeben.

Nun stellen wir fest:
Es gibt keinen automatischen, kausalen Zusammenhang zwischen mehr Wissen, mehr Intelligenz und sozialerem Verhalten.
Manchmal scheint eher das Gegenteil der Fall zu sein.

(Man könnte sagen: Es ist die Rückkehr der sozialen Frage. Natürlich nicht mehr im alten Sinne als Klassenfrage. Da hat sich zu viel geändert. Heute scheint mir eher die Beobachtung eines New-York-Times-Autors zutreffend zu sein. »We live finally in a classless society. No one has any class at all.«)

Dabei hapert es offensichtlich nicht am Zusammenspiel im eigenen Team. Ob in einer Fußballmannschaft oder im Führungsteam. Da wird Teamgeist großgeschrieben. Es gibt gemeinsame Ziele, gemeinsame Regeln, gemeinsame Werkzeuge. Online und offline. Und es gibt in der Regel Trainer:innen, Coaches, Moderator:innen, die das Team betreuen. Aber was, wenn diese Stützen wegfallen?
Woran sich halten?

Selbsterkundung

Sind wir eigentlich dumm? Nein, nicht die anderen, die wir dafür halten. Sondern wir selbst? Diese Fragen stellen sich zurzeit einige Psychologen, die viel über Intelligenz geforscht haben und früher dazu oft eindeutige Aussagen getroffen haben. Jetzt sind sie sich nicht mehr so sicher. Tillmann Prüfer, stellvertretender Chefredakteur beim *ZEITmagazin*, hat sich diese Frage auch gestellt. Wie dumm kann man sein? Fragt er in einer Selbsterkundung im Sommer 2022. Und indirekt fragt er uns alle. In dieser Zeit, in der wir manches infrage stellen, was wir bislang eindeutig zu wissen glaubten.

Können wir überhaupt etwas in unserem Leben beeinflussen, was mit dumm oder intelligent in Verbindung zu bringen ist? Ist Dummheit unbedingt das Gegenteil von Intelligenz? Oder kann Intelligenz auch dumm sein? Und was könnte das für unser Leben bedeuten?

Einer der Psychologen, die bei dieser Erkundung zu Wort kommen, ist Robert J. Sternberg. Heute sieht Sternberg manches anders, als es im einleitenden Zitat zum Ausdruck kommt. Die nur auf den eigenen Nutzen bedachte Intelligenz ist nach seiner heutigen Überzeugung nicht die Lösung, sondern das Problem. Er beobachtet eine abnehmende »intellektuelle Integrität«. Menschen nehmen oft nur noch das wahr, was für sie unmittelbar von Nutzen ist. Nur noch der eigene Vorteil zählt. Was im Widerspruch dazu steht, wird ausgeblendet. Er nennt dies »mutwillige Selbstverdummung«.
Das sei gefährlich. So steige das Risiko gravierender Fehleinschätzungen. Er spricht von der »imbalance theory of foolishness« – »an imbalance that results from feelings of omniscience, omnipotence, and invulnerability«: das Gefühl von Allwissenheit, Allmacht, Unverwundbarkeit. Wir bräuchten stattdessen, so sein Plädoyer, eine »balance theory of wisdom«. Sie umfasse mehr als die Erfolgsintelligenz und mehr als den IQ. Er sagt: »When leaders fail, it is usually not because of a lack of IQ, but more often, because of a lack of ethics.«

Interessant: Wenn wir genau hinschauen, deckt sich manches davon – positiv gewendet – mit dem, was erfahrene Psychologen als menschliches Verhalten in Krisensituationen empfehlen.
Vor allem mit Blick auf Jugendliche, die besonders unter den Schocks dieser Zeit leiden.

- ◆ Zugeben, etwas nicht zu wissen
- ◆ Das Gefühl, nicht siegen zu müssen, erlauben und stärken
- ◆ Verwundbarkeit zeigen und darüber reden dürfen
- ◆ Und: sich nicht abhängig machen von den Meinungen anderer
- ◆ Selbst etwas machen, bewegen, einfach anfangen

Der Psychiater Christoph Correll von der Berliner Charité sagt: »Wir sind alle vulnerabel und man darf darüber reden, dass es einem schlecht geht, man nicht so gut in der Schule zurechtkommt und es einem schwerfällt, sich zu strukturieren.«

Ich finde, das gilt nicht nur für Jugendliche. Es gilt für uns alle. Und wenn es denn irgendeine Lehre gäbe, die wir aus den Ereignissen und Leiden dieser Jahre ziehen könnten – bei aller Vorsicht gegenüber »Lehren«, dann diese:

- ◆ Sei dir nicht so sicher!
- ◆ Teile nicht nur dein Wissen, sondern auch dein Nichtwissen mit anderen.

Vielleicht ist das ein Echtheitszeichen für soziale Intelligenz in dieser Zeit?

Was tun?

Sich fernhalten. Sich innerlich fernhalten vom Gemeinen, von den Performancejägern. Für die ihr Erfolg alles ist. Die immer recht haben wollen und alles zu wissen meinen. Die darauf aus sind, dir bei der ersten möglichen Gelegenheit ein Bein zu stellen. Die glauben, das Leben bestünde darin, schneller zu laufen als der andere – ein ständiger Kampf der Fitten gegen die noch Fitteren. Mit allen Mitteln.

Und gleichzeitig: sich nicht einlullen, einschüchtern oder unterkriegen lassen. Immer wieder neu anfangen. Stärker werden. Mit Lust, unabhängig und eigensinnig »unser Ding« machen. Mit Witz und Fantasie.

»You would play on me? Ihr wollt auf mir spielen? […] Wetter! denkt Ihr, dass ich leichter zu spielen bin als eine Flöte? Nennt mich, was für ein Instrument Ihr wollt: Ihr könnt mich zwar verstimmen, aber nicht auf mir spielen« (Shakespeare, Hamlet III, 2).

Weiter wachsen

Wachsen. Nicht müde werden zu wachsen. »Solange Sie wachsen, Herr Hopp, sind Sie nicht verloren. Ihr Glück ist nur gerade müde. Also wachsen Sie!« Wie es in einem Text von Roger Willemsen heißt. Und Wachsen ist Lernen. Immer wieder von Neuem lernen. Altes auffrischen und Neues entdecken. Neues im Alten und Altes im Neuen.
Vielleicht überhaupt lebenslang. Und immer wieder neu anfangen. Nicht

glauben, was einmal gelernt wurde, bleibe und werde automatisch weitergereicht. Das stimmt nicht.

Wie Hannah Arendt sagte: »Jede neue Generation muss den Pfad des Denkens neu entdecken und mühsam bahnen.« Und: »Wir erziehen im Grunde immer für eine aus den Fugen geratene und geratende Welt. Weil die Welt von Sterblichen gemacht ist, nutzt sie ab; und weil sie ihre Bewohner dauernd wechselt, ist sie in Gefahr, so sterblich zu werden wie ihre Bewohner.«

Vor allem immer wieder neu lernen, was soziale Intelligenz sein könnte. Nicht nur im Umfeld von Teams in Unternehmen oder im Sport. Vielmehr vor allem übergreifend, bereichs-, silo- und sektorübergreifend. Wichtigste Lernziele: Sich nicht zu sicher fühlen. Nicht recht haben wollen. Widersprüche ins eigene Denken holen. Von Andersdenkenden lernen. Ihre Position einnehmen können. Unabhängig von Meinungen werden. Und: gelassene Freundlichkeit lernen. Das heißt, auch in extrem angespannten Situationen gut miteinander umgehen zu können.

Die andere Seite

Widersprüche akzeptieren. Auch in sich selbst. Geht das? Und daraus etwas machen. Wie soll das gehen? Manchmal ganz organisch. Ich komme aus einer Familie, die preußisch geprägt war. Das Elternhaus konnte dies nicht verleugnen. Ich habe auch diese Seite in mir. Ich verbinde sie mit Pflicht und Gewissenhaftigkeit. Doch es gibt noch eine andere Seite. Ich verbinde sie mit Lebensfreude und Leichtigkeit. Ich habe sie irgendwann einmal die italienische genannt. Manche Geschichten werden das spiegeln. Das war natürlich eine Konstruktion. Klar. Aber eine hilfreiche, wie ich heute vermute. Manchmal standen die beiden Seiten im Widerspruch. Vereinfacht ausgedrückt. Hier die dringende Pflicht, die zu erledigen war. Dort die Kür, die zu leben war. Und die genauso wichtig war. Erst zusammen wurden die Dinge gut.

Eigentlich kommt unsere Familie aus Schlesien. Also habe ich halb preußische, halb österreichische Wurzeln. Diese habe ich in meinem Leben und in meinen Freundschaften immer mehr zu schätzen gelernt. Wenn ich mich zu lange nur im deutschen Pflichtmodus aufgehalten hatte, meldete sich die andere Seite: Jetzt wird es Zeit. Warum bist du nicht ein paar Hundert Kilometer weiter südlich, wo es richtige Berge oder einen ordentlichen Espresso gibt? Jetzt könntest du auf dem Markt ein paar wunderbar duftende Tomaten, Basilikum und Zucchini-Blüten kaufen. Oder dich auf den Weg machen zum Meer. Oder nach Fiesole. Von dort zu den Hängen des Monte Ceceri schauen, wo Leonardo seine Flugversuche machte. Es brauchte fast vierhundert Jahre, bis Menschen das wieder konnten. Mit Erfolg. Aber wussten sie noch, wie man eine Mona Lisa malen konnte?

Die andere Seite verstehen lernen. Das geht leichter, wenn wir selbst in uns eine andere Seite haben – oder entdeckt haben, dass es da zwei Seiten gibt. Und gelernt haben, zwischen den Seiten Brücken zu bauen. Oder eine Leiter zu nutzen, um zu erkennen, was die andere Seite vielleicht meinen könnte, wenn die eine Seite gerade Nein sagt.

Gerade auf dem Weg zur Nachhaltigkeit, zur Energiewende, zur Energie-Autarkie kann es hilfreich sein, einen Widersacher in sich selbst zu hören, auf dessen Widerspruch zu hören. Wer den hören kann, wird anders in ein Gespräch gehen.

Während ich dieses Kapitel schreibe, bin ich auf das wunderbare Buch *Papyrus* der spanischen Autorin Irene Vallejo gestoßen. Sie berichtet darin vom griechischen Geschichtsschreiber Herodot. Er habe seine »Historien«, seine Erkundungen der griechischen Geschichte, nicht einfach aus der Sicht der Griechen geschrieben, sondern bewusst die Seiten gewechselt und die Version der Perser und Phönizier niedergelegt. Vallejo schreibt dazu: »So entsteht die Geschichte des Abendlandes aus einer Darstellung der Perspektive des Anderen [...]. In meinen Augen ist dies auch 2500 Jahre später eine zutiefst revolutionäre Herangehensweise [...]. Der andere erzählt mir meine Geschichte, er sagt mir, wer ich bin.«

Gespräche

Lange Gespräche, intensive Gespräche, immer wieder Gespräche führen. Nicht nur Meetings, Calls, Versammlungen oder Get-togethers. Unternehmen mit einer guten, innovativen Unternehmenskultur wie zum Beispiel Hilti zeichnen sich dadurch aus. Ich werde nie vergessen, wie ich vor ein paar Jahren mitbekommen habe, wie die Mitarbeiter sich auf ein Gespräch einlassen. Sich angewöhnen, Fragen zu stellen und den anderen ohne Hast zuzuhören. Als Unterstützung nimmt die oder der Sprechende einen Redestab in die Hand. Solange jemand ihn in den Händen hält, hören die anderen zu. Den Redestab habe ich noch. Ein Symbol dafür, die anderen ausreden zu lassen, ihre Standpunkte gelten zu lassen und innerlich abzuwägen.

Am besten geht das für mich in einem persönlichen Gespräch, das ohne Zeitdruck stattfindet. In einer Atmosphäre, die das ermöglicht. Zum Beispiel bei einem Waldspaziergang oder an einem langen Nachmittag und Abend. Die Bergweg-Gespräche haben wir bewusst auf einen Samstagnachmittag gelegt. Start gegen 16.00 Uhr. Ende offen. Das klingt heute ein wenig verrückt. Oft sitzen wir bis tief in die Nacht zusammen, hören zu, lassen den anderen ausreden. Manchmal mit einem abrundenden gemeinsamen Frühstück. Wer sich diese Zeit nimmt, bringt Wertschätzung mit – für das Thema und für die anderen. Ein gutes Gespräch zu führen, ist Disziplin. Und eine Kunst. Eine der wichtigsten des Lebens. Ein gutes Gespräch ist ein Dialog. Da entwickelt sich eine Logik, die sich unterscheidet von der in Talkrunden. Eine zirkuläre.

Zirkularität ist ein differentes, andersgeartetes Prinzip als das gewohnte. Ich habe die gewohnte Logik einmal – ohne zu wissen, wie aktuell die Metapher noch werden könnte – die lineare Schusswaffenlogik genannt: zielen – feuern. Die Kugel fliegt in die gewünschte Richtung und kommt nicht mehr zurück. Trifft sie ins Schwarze: gut. Wenn nicht: nicht gut. Dann muss besser gezielt und noch mal gefeuert werden. Um Weiteres muss man sich nicht kümmern. Das Geschoss ist weg.

Im Unterschied dazu sagt die zirkuläre Logik: Alles kommt irgendwann wieder zurück. Also sorge gleich dafür.»Ich weiß nicht, was ich gesagt habe, bevor ich nicht die Antwort des anderen darauf gehört habe.« So hat es einmal Norbert Wiener gesagt. »Zirkulär« heißt: in Beziehung sein. Du sparst Zeit, obwohl du länger dafür brauchst. Das ist ein lebendiges Prinzip.

Gibt es einen inneren Zusammenhang? Hängt die soziale Frage mit der nachhaltigen zusammen? Bei beiden stoßen wir auf das Problem der Extraktion. Manche nehmen sich zu viel raus. Und wir haben uns daran gewöhnt. Bei der sozialen Extraktion ist der Mensch selbst der Boden, aus dem die

Schätze entnommen werden. YouTube, Instagram, Meta, TikTok & Co. sind mit ihren Algorithmen die Goldgräber, die Bergbau- und Minengesellschaften der neuen Zeit. Der Unterschied: Bei der Datenextraktion macht sich niemand die Finger schmutzig.

Unterbrechen

Auch diese Art der Extraktion lässt sich nicht einfach abstellen. Aber wir selbst können manches öfter abstellen. Wir können unterbrechen.

Was steht dann auf dem Programm? Wir. Die andere, der andere.
Statt etwas rauszunehmen, etwas mitbringen, etwas geben. Nichts Großes.
Zeit schenken, Aufmerksamkeit schenken, Freude und Freundlichkeit schenken.
Zuhören, uns erkundigen, den Redeschwall unterbrechen. Leiser werden.
Und: nicht besser wissen. Dem anderen keinen Rat geben.
Sich nicht für schlauer halten. Nicht schneller laufen wollen.
Aber vielleicht etwas gemeinsam anstellen.

Das Gesellige mit dem Gemeinschaftlichen und dem Unternehmerischen verbinden. Gemeinsam etwas bauen oder pflanzen. Im bürgerschaftlichen Engagement. Für den Verein. Für die Schule. Für das Quartier. Um in der Nachbarschaft oder in der Gemeinde energieautarker zu werden. Wir haben darüber gesprochen. Der genossenschaftliche Gedanke wird in den nächsten Jahren attraktiver und stärker werden. Energiegenossenschaften werden für manche Gemeinde ein interessantes Modell werden. Möglicherweise entstehen daraus künftig auch Datengenossenschaften. Sie könnten dafür sorgen, dass Bürger über sensible persönliche Daten selbst bestimmen können.

Soziales Lernen, soziale Kooperationen und soziale Innovation kommen hier zusammen. Ich habe das Gefühl, dass gerade enorm viel entsteht, was nicht in den Lehrbüchern steht. Lebenskunst ist, wenn du damit anfängst. Bei dir selbst. In deinem Umfeld. Ohne zu wissen, was daraus entsteht.

Zwischenraum

Ich glaube an den wissenschaftlichen, künstlerischen und sozialen Erfindungsreichtum der Menschen. Ich vermute, dass unser sozialer Erfindungsreichtum in nächster Zukunft besonders gefragt ist. Er wird sich zwischen den bereits erschlossenen Gebieten unseres Wissens besonders bewähren. Wir wissen nur noch nicht, wie.

Mehr Gemeinschaft. Weniger Ego. Das wünschen sich viele. Doch wie können wir das zumindest in unserem eigenen Einflussbereich ermöglichen? Indem wir weniger recht haben wollen. Indem wir nicht sofort abwerten. Indem wir leerer werden. Und uns auf Zwischenräume einlassen. Zwischen uns und den anderen, zwischen unserer Meinung und der der anderen.

Der Physiker Carlo Rovelli hat das wunderbar ausgedrückt: »Wir leben in einem Universum, in dem Unwissenheit vorherrscht. Wir wissen viele Dinge, doch es gibt eine ganze Menge mehr, was wir nicht wissen. Wir wissen nicht, wen wir morgen auf der Straße treffen werden, wir kennen die Ursachen vieler Krankheiten nicht, wir kennen die ultimativen Gesetze nicht, die das Universum lenken, wir wissen nicht, wer die nächste Wahl gewinnen wird [...]. In dieser grundlegend unsicheren Welt wäre es töricht, absolute Sicherheit zu verlangen. Wer prahlt, er sei sich seiner Sache sicher, ist gewöhnlich am unzuverlässigsten. Aber das heißt im Umkehrschluss nicht, dass wir völlig im Dunkeln tappen. Inmitten von Sicherheit und völliger Unsicherheit gibt es einen kostbaren Zwischenraum – und genau in diesem Zwischenraum entfalten sich unser Leben und unsere Gedanken.«

Weg 6: Gestalten. Schön einfach

Das Einfache, das gut ist. Die Schönheit der Einfachheit.
Eine Reperception.

Am Anfang des Siegeszuges der kalifornischen Technology steht eine Vision, fast schon eine Obsession. Hinter ihr verbirgt sich eine Idee, die in Deutschland ihren Ursprung hat. Von manchen in Europa aber nicht richtig ernst genommen wurde.

Als Olli-Pekka Kallasvuo, der Chef von Nokia, Anfang 2007 vor die Presse tritt, ist er sich seiner Sache ganz sicher. Die Ingenieure von Nokia sind hervorragend. Die Produkte sind hervorragend. Die Marktentwicklung ist hervorragend. Dass Apple in diesem Jahr mit seinem neuen Smartphone rauskommen wird, weiß er. Aber da kann er nur lächeln: ein Nischenanbieter, mehr nicht.

Es kommt das iPhone. Zwei Jahre später kommt das iPad. Auch dies anfangs belächelt. Eine schlichte schwarze Kiste, so scheint es. Was soll daran technologisch so besonders sein? Doch dann zeigt sich: Sie hat es in sich. Und sie ist kinderleicht zu bedienen. Sie kann sehr viel. Sie ist komplex, vernetzt und zugleich sehr einfach. Vor allem die Benutzeroberfläche. Steve Jobs war zeit seines Lebens besessen von der Idee der Einfachheit. Der puren Einfachheit, der guten Einfachheit. Für die Kunden. Für die anderen, die Nutzer. Das haben Google, Netflix und Airbnb und einige andere von ihm gelernt. Userzentriert. Überall.

Steve Jobs ist als Kind in einer Siedlung aufgewachsen, die der visionäre Stadt- und Wohnungsentwickler Joseph Eichler gebaut hatte. Ein Amerikaner mit europäischen Wurzeln, der von den Architekten Frank Lloyd Wright und Mies van der Rohe – und damit von den Ideen des Deutschen Werkbundes und Bauhauses – inspiriert war. Steve Jobs hat immer wieder betont, wie sehr ihn das geprägt hat. »Eichlers Häuser waren elegant, billig und gut. Ihr Design war klar und einfach und sie waren auch für niedrige Einkommen erschwinglich«, erzählte er seinem Biografen Walter Isaacson. »Ich mag es, wenn man großartiges Design und leichte Handhabung zu etwas verbinden kann, was nicht teuer ist. Es war die ursprüngliche Vision für Apple. Genau das versuchten wir beim ersten Mac oder beim iPod umzusetzen.« Später hat Steve Jobs das mit dem »nicht teuer« wohl vergessen. Aber das ist eine andere Geschichte.

Weniger, aber besser

Zur ursprünglichen Vision – und zum Erfolg – von Steve Jobs und Apple gehören weitere deutsche Namen und Begriffe. Dieter Rams vor allem, der Designer des Elektrogeräte-Herstellers Braun. Er hat den Chefdesigner von Apple, Jonathan Ive, angeregt. Um es vorsichtig auszudrücken. Vom iMac bis zum iPad. Das sind eigentlich alles Entwürfe von Rams, inspiriert von den Ideen des Bauhauses und der Ulmer Hochschule für Gestaltung. Die Devise kennen wir: »Weniger, aber besser«.

Mich hat das fasziniert. Ich habe darüber oft mit innovativen Gestaltern, mit Wissenschaftlern und Studenten in den USA und in Deutschland gesprochen. Ich glaube mehr denn je, dass die Themenkombination von »gestalten« und »einfach« für jeden von uns bedeutsam ist. Nicht nur für Unternehmer oder Stadtentwickler. Sondern für uns alle, in unserem Alltag. Und ich glaube, sie wird in Zukunft noch relevanter werden. Wenn wir uns die Fragen stellen: Was brauchen wir? Was wollen wir? Was wollen wir nicht? Was tut uns gut?

Viel ist nicht gleich gut. Mehr ist nicht unbedingt besser. Das wissen wir alle. Viele Kalorien zu uns zu nehmen, ist nicht die beste Lösung. Sofern nicht große Not oder Hunger herrschen. Manchmal wollen wir uns nicht an das erinnern, was wir wissen. Wenn es etwas Neues gibt zum Beispiel. Wenn das Neue billig ist. Oder wenn es schon viele andere haben wollten. Experten aus dem Neuromarketing können das besser erklären als ich.

Gleichzeitig haben wir eine Sehnsucht nach Einfachheit. Wir sind erschöpft von dem vielen, was auf uns einströmt. Wir wollen nicht noch mehr. Es ist genug.

Die Sehnsucht

Einfach ist nicht einfach. Wäre es anders, müsste man kein Wort darüber verlieren. Das Einfache wäre das Selbstverständliche, das Allgemeine, das an jeder Ecke Angebotene, das, was jeder automatisch tut. Tatsächlich aber ist das, wonach wir uns sehnen, höchst selten. Warum ist das so?
Wohlverstandene Einfachheit ist das Ergebnis von höchster Achtsamkeit. Und konzentrierter Leistungsbereitschaft. Achtlosigkeit, Lieblosigkeit, Gedankenlosigkeit sind ihre größten Feinde. Gleichgültigkeit ist ihr fremd. Sprüche wie »Es geht auch so« oder »Das wird schon irgendwie gehen« hält sie für Ausreden.

Wenn jemand am Stammtisch einfache Lösungen verlangt, ahnen wir, dass dies nicht das sein kann, was uns auf Dauer wirklich glücklich macht. Der Protest, der mit der Forderung nach einfachen Lösungen auf die Straße geht, ist oft die Reaktion auf eine Politik, die es sich mit ihren Ankündigungen und Maßnahmen zu einfach gemacht hat. Die zu viel wollte. Die zu wenig verstanden hat, dass weniger besser sein könnte. Und die zu selten darüber nachgedacht hat, was die Floskel »den Wandel gestalten« mit Gestaltung und mit Formen zu tun haben könnte.

Manche Politiker sind stolz, am Jahresende verkünden zu können, wie viele Hundert Gesetze und Verordnungen sie im Jahr verabschiedet haben. 203 Gesetze hat der Deutsche Bundestag im Jahr 2021 verabschiedet. Das heißt: jeden Sitzungstag mindestens ein Gesetz. Es ist klar, dass die Bürger da nicht mitkommen. Es kommen ja nicht mal die Parlamentarier selbst mit. Und für die Frage, wie aus diesem Gesetz ein lebendiger, guter Prozess werden soll, der »die Betroffenen zu Beteiligten macht«, wie es so nett heißt, ist keine Zeit. Hauptsache, durchkommen, Abstimmung gewinnen, dann weg damit. Um die »Umsetzung« sollen sich andere kümmern.

Saying no

Ich komme noch einmal auf Steve Jobs zurück. Als er nach einer Pause von einigen Jahren wieder zurück in sein Unternehmen kam, nahm er in den ersten Wochen bewusst die Rolle des Beobachters ein. Ging von Meeting zu Meeting. Und bekam dabei mit, wie viele Projekte und Produkte es inzwischen im Unternehmen gab. Darunter einige mit viel »Potenzial«. Deshalb hingen so viele daran. Aber insgesamt war es zu viel. Irgendwann platzte ihm der Kragen. Er ging an ein Whiteboard und skizzierte mit zwei Strichen vier Felder. Dazu sagte er: Wir brauchen nur vier Kategorien: »Consumer«, »Pro«, »Desktop« und »Portable«. Dafür brauchen wir wirklich gute, einfache Produkte. Mehr ist für die Kunden zu viel. Und für uns selbst auch. »People think focus means saying yes to the thing you've got to focus on. But that's not what it means at all. It means saying no to the hundred other good ideas that there are.«

Was würde ein Steve Jobs heute sagen? Ich meine nicht zu Apple, sondern zu der Fülle von Produkten und Angeboten, die heute jeder auf seinem iPhone oder Tablet zu Gesicht und zu Gehör bekommt? Oft ungefragt. Nur weil der Algorithmus diese Offerte für ihn ausgewählt hat?

Die Einfachheit eins

Es gibt die »Es-ist-mir-egal«-Einfachheit. Hauptsache, schnell. Und weg damit. Das hieß früher in Unternehmen »Keep it simple and stupid«. Abgekürzt Kiss. Für mich ist es Kiss eins. Die Einfachheit eins. Ein Erfolgsmodell. Von gestern.

Was dafür spricht: dass wir oft selbst wenig Zeit haben. Dass es in manchen Momenten auch uns so geht: Hoffentlich kommt jemand, der das für uns klärt. Ruckzuck. Im Handumdrehen. Der uns Schweres abnimmt. Manchmal auch: der Schmerzen lindert. Der uns möglichst schnell wieder gesund macht. Egal, wie. Der uns beschützt. Der uns Freunde verschafft. Oder uns im Alltag schnell kleine Freuden verspricht. Top. Die Wette gilt. Schlag ein.

Einfachheit eins ist das Feld der Prinzen, Eroberer, Heiler, Verführer und früher der Führer, der Hollywood- und Schlagerproduzenten. Sie hatten meistens den richtigen Riecher. Wir nicht. Dann tun wir eben auch Dinge, von denen wir ahnen, dass sie uns nicht guttun könnten. Später geht uns durch den Kopf:

> »You ruined everything good
> Always said you were misunderstood

Made all my moments your own
Just fucking leave me alone.«
Billie Eilish, »Happier than ever«

Ravioli aus der Dose und Nudeln von einer italienischen Köchin oder von einem japanischen Koch, die bei ihrer Sache sind, sind völlig verschiedene Dinge. Mit unterschiedlichen Haltungen erzeugt. Und in sehr unterschiedlicher Weise von uns wahrgenommen. Selbst eine Pizza kann einfach schlecht oder einfach gut sein.

Spielzüge könne im Fußball oder im Basketball einfach schlecht oder einfach gut sein. Wir haben lange daran zu tüfteln, um den Unterschied herauszubekommen. Am Ende macht uns die gute Einfachheit, die Einfachheit zwei, zufriedener. Sie ist konzentrierter. Schöner. Sie macht mehr Freude. Die Lösung ist eleganter. Naturwissenschaftler wissen das.

Wohlverstandene Einfachheit ist gerade in dieser Zeit elementar. Sie hilft, mit wenigem zu rechnen. Und daraus etwas Gutes zu machen. Sie ist das offene Geheimnis des dritten Kriteriums.

Reperception

Die Zukunftsforscherin Amy Webb sagt in ihrer Rede im März 2022 bei der jährlichen South-by-Southwest-Konferenz in Austin vor großem Publikum: Es werde alles »sinnlicher« und körperlicher: »Man kann sich mit Gesten bewegen.« Manche werden Geräte tragen, die Düfte versprühen. Gleichzeitig stimmt sie das Auditorium ein auf eine – sagen wir es so: durchwachsene Zukunft.
Sie entwirft Szenarien, wie es gute Futurologen immer tun, und versucht diese mit Zahlenwerten anschaulicher zu machen. Mit Blick auf das Metaverse ist ihre Prognose: dreißig Prozent für das optimistische Szenario, siebzig für das katastrophale Szenario. Mit Blick auf die KI: zwanzig Prozent für das optimistische, achtzig für das katastrophale Szenario. »Die Dinge sehen hier nicht gut aus, Leute«, sagt Webb. »Wir treffen nicht die besten Entscheidungen.« An anderer Stelle führt sie aus: »Exposure to more information tends to confuse rather than inform us.« Und noch drastischer: »We've made a devil's pact, swapping convenience and efficiency for an

ever-increasing tyranny of information and choice.« Ihre Schlussfolgerung: Wir bräuchten eine »Reperception«.

Ich war nicht in Austin. Ich habe mit ihr nicht persönlich gesprochen. Ich würde mich gerne mit ihr darüber unterhalten, was diese Reperception auszeichnen könnte.
Was wir selbst tun können, um besser zu entscheiden. In unserem eigenen Einflussbereich. Und was das mit Einfachheit zu tun haben könnte.

Ethos der Einfachheit

Der Ethos der guten Einfachheit wird künftig so wichtig wie jeder Berufsethos. Wie der des Mediziners. Oder des Juristen oder des guten Kaufmanns. Nur gilt dieser Ethos disziplinübergreifend.
Das gehört zu meiner persönlichen Auffassung von Reperception: der Ethos der Einfachheit. Im Kern geht es dabei um das Motiv, es für die anderen einfach zu machen. Es den anderen leichter zu machen. Und so lange daran zu formen, bis es sich wirklich gut anfühlt. Und Freude macht. Ob bei Standards oder bei individuellen Spielzügen. Das ist Einfachheit zwei. Kiss zwei. Kollaborativ, innovativ, smart, sustainable.

Also reduzieren. Aber nicht einfach delegieren. Sonst landet der Müll bei den anderen. Die Sache mit dem Müll ist nämlich häufig seitenverkehrt, was schon Groucho Marx wusste: »Der Müllmann ist da! – Sag ihm, wir brauchen nichts.«

Durch die Komplexität hindurch

Das scheint mir heute überall die Aufgabe zu sein in einer komplexer werdenden Welt: durch die Komplexität hindurchzugehen. Manchmal auch durch das Chaos, durch einen veritablen Dschungel hindurch, in dem wir uns verirren. Und dabei nicht zu verzweifeln. Auch wenn wir keine Ahnung haben, wohin das alles führt.

Irgendwann gibt sich eine Form zu erkennen. Und wir sagen uns: Ist es das? So könnte es vielleicht gehen. Das ist der schöpferische Prozess. Das ist der wissenschaftliche Prozess. Der besonders fruchtbar werden kann, wenn er kooperativ, co-kreativ entwickelt wird. Wie im Jazz, wie bei einem guten Dialog mehrstimmig. Mal geht die eine, mal der andere nach vorne – die anderen treten für eine Weile zurück. Aufmerksam zu sein, ist wichtiger, als sich seiner Sache sicher zu sein. So kann etwas entstehen, das klingt. Es entsteht Resonanz.

So wie unsere KI-Systeme fähig sind, in einer unübersichtlichen Menge von oft unstrukturierten Daten Muster zu erkennen (und daraus algorithmische Entscheidungen abzuleiten), brauchen wir die Fähigkeit, Formen wahrzunehmen und im Prozess mit anderen Formen entstehen zu lassen, die einfach sind und gute Entscheidungen ermöglichen. Das ist die menschliche Formkompetenz. Wir können sie auch Gestaltkompetenz nennen. Eine Zukunftskompetenz.

Ich kann zum Beispiel eine Information – weil sie schnell weg muss – so lieblos abfassen, dass der Akt für mich einfach ist. Aber für die anderen ist das Weggeschickte eher das Gegenteil. Eine Belästigung. Sie klingt wie ein Befehl oder sieht aus wie eine achtlose behördliche Instruktion.

Oder ich schreibe sie so, dass der andere sie gerne sieht, hört oder liest. Dass sie ihn leichter stimmt. Dass sie anregt, mitzudenken. Ich kümmere mich darum, dass die Dinge, die ich aus der Hand gebe, für den anderen einfach sind und Freude machen. Bei Mails und Meetings. Vor allem bei Online-Meetings. Hier ist es besonders nötig.

Und noch etwas: Man kann nicht immer perfekt sein. Jeder weiß und versteht das. Aber man kann immer im Dialog, in Beziehung sein.

Einladend

Das Zeitalter des heroischen Konsumismus geht zu Ende. Die ausladende Geste »Mein Haus, mein Auto, mein Boot« taugt nicht mal mehr als Witz der Sparkassenwerbung.
Wir brauchen mehr einladende Gesten – zum gemeinsamen Bauen und Gestalten. Dabei könnte uns die Fähigkeit helfen, über die ich hier spreche. Und die liebevolle Zuwendung, die überall Energien verwandelt und

auch auf kleinstem Raum etwas entstehen lässt. Gute Einfachheit ist Lebenskunst.

Bauhaus und Bauhaus. »Wenn's gut werden muss« – was könnte das heute
heißen? Ich glaube, dass die Idee der Schönheit der Einfachheit uns in dreifacher Weise inspirieren kann in dieser Zeit:

- Einfachheit hilft uns unmittelbar, gute Dinge zu machen in Zeiten der
  Knappheit und des Mangels; *und zugleich* eine längerfristige Perspektive
  einzunehmen. So wie es die dänischen Gestalter Christian Bason und
  Jens Martin Skibsted vor Augen haben, wenn sie ein erweitertes Denken, ein »Expansive Thinking« fordern, das größere Zeiträume umfasst,
  als wir sie in den politischen und ökonomischen Ritualen unserer Zeit
  zu denken gewohnt sind. Wirklich nachhaltige Lösungen bauchen einen
  erweiterten Zeithorizont.
- Einfachheit hilft uns, gute, nachhaltige Lösungen zu entwickeln, die uns
  und anderen Freude machen, die »unwiderstehlich« sind, um noch einmal eine Wendung von Christian Bason aufzugreifen, der als Leiter des
  Danish Design Center und im Rahmen des Neuen Europäischen Bauhauses die Vision einer »irresistible circular society« verfolgt. Zirkularität
  ist ein schönes Einfachheitsprinzip.
- Einfachheit hilft uns, Grundgedanken eines »human-centered« Ansatzes
  des Design Thinkings zu verbinden mit den Idealen der Baumeister der
  Renaissance und der Gestalter des Bauhauses. Sie hilft uns, überall auf
  der Welt nach guten Beispielen zu suchen. Nicht nur in den engen regionalen oder politischen Grenzen. Und dies aus allen Epochen.

Mit wenigem auskommen. Dinge gut machen: In Zeiten der Knappheit ist
Einfachheit besonders wertvoll. Gut einfach ist schön einfach. Das ist die
Aufgabe, was auch immer wir tun. Wo auch immer wir beschäftigt sind oder
selbstständig wirken. Von den Produkten oder Dienstleistungen, die wir
entwickeln, bis zu den Gütern, die wir für das tägliche Leben brauchen. Von
den Lebensmitteln über die Kleidung bis zur Wohnung oder zum Garten.

Wir wissen, dass es nicht vom Einkommen abhängt, ob jemand gute Dinge tut. Aber immer noch hält sich die Mär, dass Schönheit und äußerer
Reichtum irgendwie gekoppelt seien. Dabei gibt es so viele Beispiele von
Menschen und Kulturen aus aller Welt, die uns vor Augen führen und hö-

ren lassen, dass Schönheit nur wenig Geld, manchmal überhaupt kein Geld braucht.

Die Lobster-Frage

Wenn ich in Seminaren mit Studenten oder Führungskräften über Schönheit und Einfachheit spreche, bringe ich manchmal in die Sessions einen Brown Bag mit. Sobald ich die Tüte entleere, kommen verschiedene Gegenstände zum Vorschein: Drähte, Schrauben, Radiergummis, Schachteln etc. Darunter befindet sich ein Lobster. Natürlich kein echter, sondern nur ein Dummie, eine Attrappe, die aber mit dem bloßen Auge von einem echten Lobster nicht zu unterscheiden ist. Ich frage die Teilnehmer: Nehmen wir an, wir hätten alle diese Dinge noch nie gesehen. Was würden Sie davon halten? Was meinen Sie:

◆ Was davon ist (bzw. war einmal) ein Lebewesen?
◆ Woraus schließen wir, dass es sich dabei um ein Lebewesen handeln könnte?

Die Teilnehmer haben verschiedene Vermutungen. Meist wollen sie den Gegenständen »unter die Haut« gehen, eine mikroskopische oder chemische Analyse vornehmen. Aber gibt es nicht einen anderen Weg, das rauszubekommen?

Es ist ein altes und zugleich sehr modernes Rätsel. Wir finden es beim großen systemischen Denker Gregory Bateson in seinen Arbeiten über *Mind and Nature*. Ich werde das Rätsel hier nicht lösen. Nur so viel: Es hat etwas mit den Formen zu tun. Mit der Gestalt. Mit der Schönheit der Einfachheit, die wir in der Natur finden. Wenn wir hinschauen. Oder besser: wenn wir wahrnehmen, wie wir schauen.

»Schönheit ist das Attribut, das Dauer verleiht«, hat Ralph Waldo Emerson einmal gesagt. Das ist ein Grundprinzip der Nachhaltigkeit. Wir müssen uns nur umblicken in Natur und Kultur.

Drei Prinzipien der guten Einfachheit

Einfach ist schön

Das fällt sofort ins Auge: Die Objekte, die uns anziehen, ziehen uns durch die Schönheit ihrer Einfachheit an. Und das Faszinierende daran ist, dass sich diese Qualität kaum abnutzt. Ein Fiat 500 oder ein Mini verfügen über so einfache, klare, schnörkellose Formen, dass wir das Gefühl haben: Das kann man nicht verbessern, höchstens nachahmen. Und wir reden hier nicht von der Natur oder von wirklichen Kunstwerken, sondern von ganz normalen Produkten.

Einfach ist rund

Das Einfache fühlt sich gut an. Es liegt gut in der Hand – wie ein vom Wasser geformter Stein. Wie ein Ball. Oder wie ein Ei. Die erstaunliche Stabilität eines Eis ist vor allem auf seine abgerundete Form zurückzuführen. So ist es selbst für einen starken Erwachsenen kaum möglich, ein rohes Ei zu zerdrücken, das in der Längsrichtung zwischen Daumen und Zeigefinger gehalten wird. »Rund« heißt auch: Hier gibt es nichts, was rumsteht, ohne Funktion herausragt oder herumbaumelt. Ein guter Läufer schlackert nicht mit seinen Armen und Beinen. Seine Bewegungen sind konzentriert und genau. Wir sagen nicht ohne Grund: Etwas läuft rund.

Einfach ist zirkulär

Einfachheit ist wie der Verkehr, den wir uns wünschen. Zum Beispiel ein guter, weitgehend selbstorganisierter Kreisverkehr mit nur wenigen, klaren Regeln. Er funktioniert meist besser als der Verkehr bei einer klassischen Kreuzung mit zu vielen Schildern oder Ampeln. Er fließt ruhig und unaufgeregt auch bei hohem Fahrzeugaufkommen. Die wichtigsten Funktionen des Lebens sind deshalb zirkulär. Kreisläufe sind bewährte Einfachheitsprinzipien der Natur.

Einfachheit hat selbst eine kreisförmige Gestalt. Jedenfalls kann ich sie mir so besser vorstellen:

◆ Am Anfang: mit wenigem auskommen. Einfach loslegen, starten, ausprobieren – positiv gestimmt.
◆ Durch die Komplexität hindurchgehen. Geduldig, schöpferisch, lösungsorientiert. Die lebendige Vielfalt des Ökosystems aufspüren.

- Während des Prozesses nach einer Form suchen, im Dialog, kooperativ, co-kreativ und iterativ gestalten. Widerstände in die Lösung einbeziehen.
- Und am Ende schauen: Ist das eine einfache Lösung, die schön ist, die sich gut anfühlt, die dauerhaft ist? Die anderen Freude macht?

Der Wandteppich

Vielleicht denken wir dabei an die Worte von Jane Goodall: »Für mich ist das Ökosystem wie ein wunderschöner Wandteppich. Und jeder Faden dieses Teppichs ist eine Spezies, und alle sind miteinander verwoben. Wenn zu viele Fäden herausgezogen werden, hängt er nur noch in Fetzen und das Ökosystem fällt in sich zusammen. Dafür muss ein Bewusstsein geschaffen werden. Wir brauchen eine neue Definition von Erfolg, nicht immer mehr Geld, Macht oder Kontrolle. Das muss vor allem die jüngere Generation verstehen. Wir müssen die Einstellung ändern, damit wir mit weniger auskommen. Unmöglich ist das nicht. Was nützt uns unser unglaublicher Intellekt, wenn wir nicht zusammenkommen und gemeinsam einen Weg finden?«

Sechsmal »Re«

Gute Einfachheit ist ein probates Mittel gegen Erschöpfung. Es wirkt bidirektional.
Wie ein Stück Musik, das wir für andere spielen, uns selbst auch guttut, wenn wir es spielen. Das geht aber nicht auf Anhieb. Also beobachte und höre so lange, bis es geht. Wie bei allen Dingen, die du professionalisieren möchtest. Der Anfänger wird die Spreu vom Weizen nur schwer unterscheiden können. Aber darum geht es. Sonst werden wir im Spreu ersticken und den Weizen nicht in die Scheune bringen.

Eines Tages besuchte ein Journalist den damals neunzigjährigen Cellisten Pablo Casals. Als er ankam, wurde er in einen Raum geführt mit der Bitte, dort zu warten. Während er dort wartete, hörte er aus dem Zimmer nebenan ein Cellokonzert. Eine herrliche Aufnahme. Etwas später kam Pablo Casals in den Raum. Nach der Begrüßung fragte der Journalist: Das war ja eine wunderbare Aufnahme. Welche war das? Casals antwortete: Das war ich selbst. Ich habe geübt. Geübt?, fragte der Journalist. Ja, ich habe das Gefühl, ich mache Fortschritte.

Vor diesem Hintergrund würde ich das »Re« der »Reperception« noch ein wenig anreichern wollen. Es sind meine sechs »Re«, die uns helfen könnten, genauer wahrzunehmen und zu entscheiden:

- *Repercept:* Ist Einfachheit für mich von Bedeutung? Ist sie ein Wert? Achte ich darauf im Alltag? Nehme ich wahr, wenn es zu viel wird? Oder wenn etwas gekonnt einfach ist?
- *Reduce:* Versuche ich, die Dinge zu reduzieren? Beim Einkaufen? Bei der Nutzung von Social Media? Bei den Produkten, die wir entwickeln? Oder bei den Themen, die wir an andere weitergeben?
- *Redesign:* Nehme ich die Form meiner Informationen wahr? Fühlen sich die Formen gut an? In den Prozessen der Kommunikation zum Beispiel. Denke ich manchmal an den Rhythmus von Öffnen und Schließen? Zuhören und erst dann einen Entschluss fällen? Möglichst gemeinsam.
- *Reuse:* Kann ich Dinge wiederverwenden? Habe ich Gegenstände, zum Beispiel Kleidungsstücke oder Möbel, die gut alt werden können? Sind sie vielleicht schöner als manche andere?
- *Recycle:* Welche Produkte, die ich einkaufe, können wieder in den Kreislauf zurück? Oder kommen aus einem Kreislauf? Achte ich ab und zu darauf? Insbesondere, wenn ich gemeinsam mit anderen Produkte herstelle?
- *Restart:* Wo würde es sich lohnen, noch einmal neu anzufangen, um Dinge einfach schön bzw. schön einfach zu machen? In unserer Arbeitsumgebung? Beim Kochen und Essen? Im Garten oder auf dem Balkon? Beim Musikhören?

Es gibt übrigens keine DIN-Norm für wohlverstandene Einfachheit. Ein Zen-Garten kann einfach schön sein. Oder auch ein »wilderer« europäischer Garten. Große Rasenflächen anzulegen, ist wiederum eine Tradition, die wir in diesen Zeiten nicht unbedingt weiterpflegen müssen. Was können wir stattdessen von Gärten aus südlicheren, trockeneren Gegenden lernen?

Survival of …?

Vielleicht denken wir bei einem Blick in die Natur auch noch einmal darüber nach, was wir wohl unter »Survival of the fittest« verstehen? Was ist damit eigentlich gemeint? Was war damals gemeint, als diese Formulierung entstand? Eine Erzählung aus dem 19. Jahrhundert. Aus der Zeit des britischen Kolonialreiches. Das unerbittliche Gesetz der Natur, einfach zu merken und gut auf andere Disziplinen übertragbar. Die Evolution, ausgestattet mit einem gesetzmäßig agierenden inneren Beweger. Das Gesetz des Stärkeren in der popularisierten Fassung. Was aber, wenn diese Erzählung in der popularisierten Version auf einer verzerrten Wahrnehmung beruht? Auf einer Erzählung nicht von Darwin, sondern von Herbert Spencer?

Darwin selbst hatte ursprünglich andere Bilder und Vorstellungen im Kopf. Das Bild, das ihm bei der Evolution vorschwebte, war die Koralle. Ein ziemlich verzweigtes, wenig übersichtliches und wenig zielgerichtetes Bild. Und: Die Schönheit (einschließlich Variabilität und Abweichung) war für ihn eine entscheidende Triebfeder der Selektion. Mindestens ebenso wichtig wie die pure Stärke.

Der Hahn und der Kaiser

Ich denke in letzter Zeit manchmal an die Geschichte vom Kaiser, der eine Zeichnung von einem Hahn haben wollte. Die Quelle ist unbekannt. Ich habe sie das erste Mal in der Tai-Chi-Schule von Frieder Anders gehört. Sie taucht inzwischen auch in einem Urteil des Amtsgerichtes Leverkusen über die angemessene Vergütung eines Rechtsanwaltes auf (AG Leverkusen, Urteil vom 27.5.2020). Meine Fassung geht so:

Ein chinesischer Kaiser hörte von einem großen Maler. Er ließ ihn kommen und befahl ihm, einen Hahn zu zeichnen, denn der Kaiser liebte Hähne über alles. Der Künstler ließ über ein Jahr nichts von sich hören. Da schickte der Kaiser nach ihm, aber seine Gesandten wurden vertröstet. So ging es auch das zweite und das dritte Jahr. Schließlich verlor der Kaiser die Geduld und erschien vor dem Haus des Künstlers. Der Maler führte ihn hinein, nahm ein großes Blatt und zeichnete mit wenigen Strichen einen wunderbaren Hahn. Der Kaiser war begeistert, zugleich ein wenig entrüstet: »Warum hast du mich so lange warten lassen?« Ohne ein Wort führte ihn der Maler in einen großen Raum, der vollhing mit Skizzen von Flügeln, Schnäbeln und Köpfen von Hähnen. In einem zweiten und in einem dritten Raum fanden sich weitere Hunderte Skizzen von Hähnen in jeder Bewegung und Position. »Edler Kaiser«, sagte der Maler, »was du gesehen hast, hat mich drei Jahre Arbeit gekostet. Wie hätte ich sonst vor dich treten und für dich einen Hahn zeichnen können?«

Für den Nichtinteressierten mag jede Zeichnung eines Pinguins oder einer Gitarre von Picasso aussehen wie jede andere Skizze eines Pinguins oder einer Gitarre. Weshalb Picasso nicht nur einmal von Mitgliedern der Gesellschaft zu hören bekam: »Das kann doch auch ein achtjähriges Kind malen.« »Vielleicht«, soll Picasso einmal darauf freundlich geantwortet haben, »ich habe mein ganzes Leben gebraucht, um so etwas zeichnen zu können.« Gute Geschichten der guten Einfachheit werden auf der ganzen Welt erzählt. Ich füge hinzu, dass das Wort »Kosmos« bei den alten Griechen nicht nur für »Ordnung« und »Weltall«, sondern auch für »Schönheit« stand.

Einfach gut und einfach schön. Da geht, wenn wir es recht besehen, kein Blatt dazwischen. Das ist der Ethos der Einfachheit.

Wenn die Dinge, die wir machen, nicht schön sind, werden sie auch nicht nachhaltig sein. Wenn sie nicht nachhaltig sind, sind sie nicht gut. Wenn sie nicht gut sind, waren wir während des Prozesses der Entstehung nicht bei uns und nicht in Beziehung zu anderen. Wir haben nicht hingehört. Und den anderen nicht dabei geholfen, es leichter zu haben.

Einfachheit ist ein Prozess. Ein Weg. Er verwandelt uns. Manchmal sind wir verwirrt. Manchmal wachsen wir. Manchmal finden wir etwas, das uns selbst guttut. Wenn wir ihn gehen, ergeht es uns vielleicht so wie dem Menschen, von dem Peter Brook spricht, der in den Wald geht und wieder zurückkommt, um die Blume zu entdecken, die neben seiner Haustür wächst.

Und noch etwas

»Vergiss das Beste nicht«, ist die rätselhafte Weisung aus der Welt der Märchen. Meist raunt sie eine Stimme den Helden zu, wenn diese gerade tief im Berg einen Schatz entdeckt haben und davon so viel mitnehmen wollen, wie ihnen nur eben möglich ist. Aber diese Mahnung bleibt im Moment des Raffens immer unbeachtet.

Erst wenn sich der Berg wieder verschlossen hat, beginnen die sich reich Dünkenden das Rätsel für sich zu lösen. »Zu spät«, flüstert das Märchen.

In einem Text Walter Benjamins ist es ein Bekannter, der – in einer Phase seines Lebens, die am unglücklichsten schien – auf strengste Ordnung bedacht war, alles penibelst erledigte und die Pünktlichkeit in Person war. Dann traten Umstände ein, die dazu führten, dass er lockerer wurde, manchmal auch vergesslich. Gerade in dieser Zeit besuchten ihn wieder Freunde, und er verstand es, nebenbei die schönsten Geschenke zu machen. Damals erinnerte er sich an die rätselhafte Weisung des Hirtenbuben: »Vergiss das Beste nicht.«

Dritte Raststation: Baue Brücken!
Verwandle Energien!

Was bedeutet für mich Nachhaltigkeit?

Macht mich die Klimakatastrophe zornig?
Was mache ich daraus?

Welche Modelle des Wandels halte ich für sinnvoll?

Gibt es eine Möglichkeit, energieautarker zu werden?
In unserem Haus? In unserer Gemeinde?

Sagt mir der Apollofalter etwas? Ist Vielfalt nützlich? Oder schön?

Ist Nachhaltigkeit wirklich für mich wichtig?

Ist Nachhaltigkeit eigentlich sozial?

Würde ich im Zweifelsfall meine Joggingschuhe anziehen,
um schneller zu laufen als mein Kumpel? Ganz ehrlich?

Welche soziale Innovation begeistert mich?
Oder würde mich begeistern?

Halte ich es für möglich, dass die jüngere Generation Soziales
neu erfindet?

Kann weniger besser sein?

Ist Einfachheit für mich ein Wert? Und Schönheit?

Welche Dinge fallen mir ein, die schön einfach sind?

Woran denke ich, wenn ich das Wort »Bauhaus« höre?

Welche Einfachheit tut mir gut? Welche nicht?

Mit welchen einfachen Dingen kann man mir eine Freude machen?

Mit welchen kann ich anderen eine Freude machen?

Was könnte ich mal (wieder) ausprobieren?

Dritte Raststation:
Wasserspeicher Musik

Oder: Die inneren Erfinder. Einige Anregungen

◆ Wie alle großen Komponisten, Tonsetzer und Liedermacher von Bach bis Iannis Xenakis, von Beethoven bis Domenico Scarlatti, die für uns Klänge erschaffen haben, die uns berühren, innerlich erfrischen, staunen und immer wieder neu hören lassen.

◆ Oder wie Leonard »Lenny« Bernstein. Der mit seinen Young People's Concerts Kinder und Erwachsene in der ganzen Welt elektrisierte. Und mit der *West Side Story* das »Play it cool« als musikalische Botschaft gegen die Erhitzung anstimmte.

◆ Oder wie Roger Willemsen, der ein so tiefes Verständnis für Musik hatte. Für alle Klänge, Rhythmen, Lieder, die ihn begleiteten »entlang jeder Linie, an der man Dinge macht, die aus Freude bestehen oder aus Aufregung, aber nie aus Gleichgültigkeit«.

◆ Oder wie die Singer und Jazzmusiker Billie Holiday, Sarah Vaughan, Gregory Porter, Miles Davis, Art Tatum et al. Besonders wenn sie sich einlassen auf »das größte Duett aller Zeiten« (Duke Ellington). »Ein liebender Mann und eine liebende Frau.«

◆ Oder wie der kubanische Pianist Omar Sosa und der Koraspieler Seckou Keita aus Senegal, die zusammen aus dem Reichtum des Jazz und der Musik Afrikas schöpfen. Weltmusik, die erquickt. »It begins with water« steht über dem Album *Suba* von 2021.

◆ Oder wie Christina Pluhar zusammen mit ihrem Ensemble L'Arpeggiata. Wenn sie lebendigen Barock machen, improvisieren, Purcell, Monteverdi, neapolitanische Volksmusik oder Mozart neu erklingen lassen.

◆ Oder wie Martha Argerich, Herbert Blomstedt und das Lucerne Festival Orchester, als sie im Sommer 2020 Beethovens 1. Klavierkonzert spielen. Verliebt und kraftvoll. Als wäre es das erste Mal. Als ob der frühe Beethoven nur so gespielt werden könnte.

Mit Freundlichkeit.
Alltägliche Gelegenheiten.

Weg 7: Mit Freundlichkeit
und kleinen Dingen

Vierter Teil

FANGE
AN !

Weg 7: Mit Freundlichkeit und kleinen Dingen

Planetare Randnotiz. The pale blue dot.
Ins Gelingen verliebt sein. Kleine Formen.
Alltägliche Gelegenheiten in der Praxis.

Eine Randnotiz, die ich mir aufgeschrieben habe: Es gibt einen Punkt, an dem sich viele Wege kreuzen. Einen Punkt, der das Mit-wenigem-Auskommen, Gute-Dinge-Machen, Nachhaltigkeit und individuelles Verhalten verbindet:
Freundlichkeit.

Freundlichkeit macht die Erde zu einem bewohnbaren Ort. Und jedes Fleckchen, jedes Haus oder jeden Hof. Wir fühlen uns willkommen. Das ist ganz einfach. Dort, wo es freundlich zugeht, gehen wir gerne hin. Dorthin kehren wir gerne zurück.

Dem Physiker, Astronomen und großen Erklärer der Wissenschaft Carl Sagan, der dafür sorgte, dass die Kameras der Voyager 1 noch einmal zurück auf die Erde gerichtet wurden, bevor sie von der NASA abgeschaltet wurden, verdanken wir eines der berühmtesten Fotos unseres Planeten: The Pale Blue Dot. Sein Kommentar dazu:
»Sehen Sie sich dieses Punkt noch einmal an. Hier leben wir, hier sind wir zu Hause und mit uns alle Menschen, die wir kennen und lieben. Dieses Bild unterstreicht nur, dass wir freundlicher miteinander umgehen und den kleinen blauen Punkt bewahren, lebenswert erhalten müssen – er ist unser einziges Zuhause.«

Unterschätzt

Nun ist Freundlichkeit nicht das, was einem als Erstes in den Sinn kommt, wenn wir den Zustand der Welt betrachten. Unfreundlich, lieblos, aufgeregt, wütend, aggressiv, gewaltsam sind Kategorien, die uns in manchen Augenblicken eher einfallen. Und das nicht erst seit dem Einmarsch Putins in die Ukraine.

Und doch oder vielleicht gerade deswegen halte ich Freundlichkeit für eine der wichtigsten, zugleich unterschätztesten Tugenden. Je länger ich über unsere Zeit nachdenke, desto mehr. Freundlichkeit ist eine der wichtigsten Fähigkeiten des Menschen, um zu leben – und zu überleben.

Wo auch immer wir aktiv sind, was auch immer wir tun. Gerade in unserem unmittelbaren Umfeld. Ich spüre es überall. Bei allem Zorn: Es gibt ein starkes Bedürfnis nach Freundlichkeit in diesen Tagen. Wir haben das Gefühl, mit freundlicher Gelassenheit könnte manches leichter gehen. Vielleicht könnten wir ein paar Veränderungen dieser Zeit so leichter bewältigen? Statt von ihnen überwältigt zu werden?

Freundlichkeit und Veränderung

Ich habe mich in den letzten Jahren intensiv mit den Veränderungen dieser Zeit beschäftigt, die manche als disruptiv bezeichnen. Oft habe ich darüber gesprochen, dass es gilt, sich auf Krisen, ziemlich große Herausforderungen und auf tiefgreifende Brüche einzustellen. Wie groß diese Herausforderungen und Krisen werden würden, habe ich nicht vorausgesehen.

Aber es gibt noch eine andere Seite der Geschichte, eine andere Erzählung dieser Umbruchszeit, deren Anfänge wir gerade erleben:

Freundlichkeit ist in allen Zweigen und Verästelungen dieser Transformation verborgen. In den ökologischen, in den kreativen und in den technologischen: Wir wollen umweltfreundlicher wirtschaften und leben; wir haben den Wunsch, freundlicher zusammenzuarbeiten, kooperativ und kollaborativ. Und wenn wir die digitalen Technologien und Maschinen nutzen, spüren wir: Sie gehen uns freundlicher zur Hand als die industriellen. Im Prinzip.

Ich füge hinzu: Ich glaube nicht, dass wir die gegenwärtigen Krisen – und die damit einhergehenden Konflikte – ohne pragmatische Freundlichkeit meistern werden. Ist Freundlichkeit vielleicht so etwas wie ein Bindeglied? Die innere Verbindung der vor uns liegenden Veränderungen? Spüren wir erst, wie wichtig sie ist, wenn sie fehlt?

Diese Fragen haben mich beschäftigt, während ich diesen Text schrieb. Ich habe dabei gespürt, dass Freundlichkeit mich sehr angeht. Dass sie etwas mit meinem Leben, meinen Erfahrungen, meinem Denken zu tun hat.

Zu diesen Lebenserfahrungen des Denkens gehört das Überraschende, das Nichtgeplante, das Unerwartete. Freundlichkeit ist vielleicht auch deshalb so wichtig, weil sie uns hilft, in einer Zeit der Ungewissheit miteinander respektvoll und menschenwürdig umzugehen.

»Menschenwürdig« heißt: ohne Forderungen, ohne das Besserwissen und ohne das belehrende »Wir müssen«. Freundlichkeit will nicht den anderen bekehren oder jemanden zu irgendetwas zwingen.

Sie gibt nicht mit dem an, was sie alles kann. Sie stellt keine Bedingungen. Keine Ansprüche. Keine Anforderungen an andere, bevor diese in den Klub der Freundlichen aufgenommen werden können.

Ich habe gemerkt, dass ich immer wieder auf das Thema Freundlichkeit stoße, zurückkomme, es umkreise. Sie gehört für mich zum dritten Kriterium. Und während ich das niederschreibe, kommen mir die Worte von Aldous Huxley in den Sinn: »Die Leute fragen mich oft, was die wirksamste Methode sei, mit der sie ihr Leben verändern können. Es ist ein wenig peinlich, dass ich nach all den Jahren des Forschens und Experimentierens sagen muss, dass die beste Lösung die folgende ist: Seien Sie einfach ein bisschen freundlicher.«

RBG

Um es gleich vorwegzusagen: Freundlichkeit ist nicht Nettigkeit. Nicht Wegducken. Nicht bloß Höflichkeit und schon gar nicht Schmeichelei.
Sie ist nicht das Gegenteil von Widerspruchsgeist. Sondern von Aggressivität, Rücksichtslosigkeit oder Gewalt gegen andere.

Die 2020 verstorbene US-Juristin Ruth Bader Ginsburg, beisitzende Richterin am Supreme Court der Vereinigten Staaten, war eine kleine, zierliche, sehr energische, sehr kämpferische Frau. Und sie war sehr freundlich. Sie reagierte nie wütend. Auch wenn sie ignoriert, geschmäht oder gekränkt wurde. Das hatte sie von ihrer Mutter gelernt, die ihr beigebracht hatte, nicht mit »nutzlosen Emotionen« wie Ärger wichtige Lebenszeit zu vergeuden. Ihre Haltung war: »Manchmal sagen Leute unfreundliche oder gedankenlose Dinge. Dann ist es das Beste, ein wenig schwerhörig zu werden. Und nicht mit Zorn oder Ungeduld zurückzuraunzen.«

Aber Ruth Bader Ginsburg, genannt RBG, war beharrlich, wenn sie auf Ungerechtigkeit stieß. Sie war die Gegenspielerin von Trump. Sie widersprach. »I dissent.« Diese Worte machten sie berühmt. Ihre Markenzeichen waren die große schwarze Brille und der Kragen oder Jabot. Für viele Frauen in den USA wurde sie zur Ikone. Weit über den Feminismus hinaus. Dabei machte sie klar: »Ich will keine Bevorzugung meines Geschlechts. Ich verlange nur, dass unsere Brüder ihre Füße aus unserem Nacken nehmen.«

Persona

»Freundlichkeit« ist zunächst ein abstrakter Begriff. Wie Menschenwürde, Respekt, Hoffnung, Solidarität. Greifbar werden diese Begriffe erst durch Personifizierung. Ich behandele Freundlichkeit wie eine Person. Sie ist der kleine Gott, der zwischen uns tätig wird, wenn wir scheinbar wichtigere Dinge unternehmen. Oder vielleicht besser die kleine Göttin. So wie Hermes in weiblicher Gestalt. Sie vermittelt, fördert den Austausch zwischen Fremden, stellt Kontakte her zwischen feindlich gesinnten Parteien, ermöglicht pragmatisch Lösungen, wo Dinge ausweglos scheinen.

Mir scheint, diese kleine Göttin wird zurzeit vielerorts gebraucht.

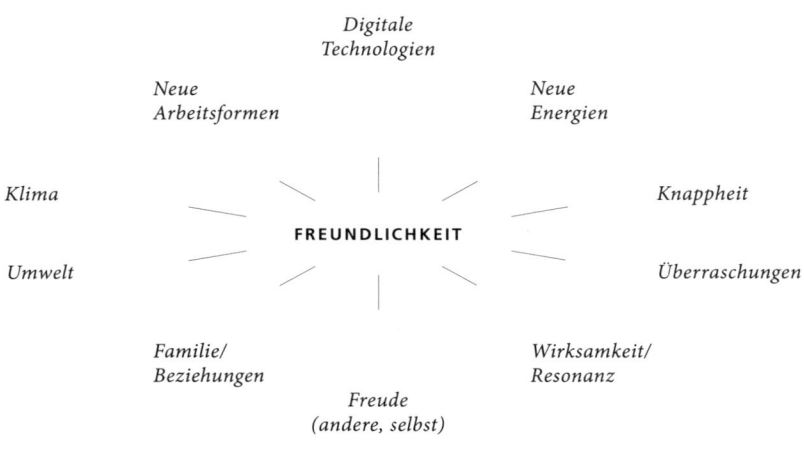

Mit wenigem auskommen – *Dinge gut machen*

»If you are very strong, you must also be very kind«, sagt Astrid Lindgren. Von der wir sehr viel über eine nicht angepasste Freundlichkeit lernen können.

Freundlichkeit fragt nicht nach der Gesinnung, nach der Meinung, nach dem Alter, nach dem Geschlecht, nach dem Parteibuch, nach der Konfession, nach dem Status, nach der Identität oder der Nation.

Freundlichkeit fragt: Wie geht es dir? Was brauchst du? Was bewegt dich? Womit kann ich dir helfen? Was würde dich freuen?

Freundlichkeit wird weder die Gewalt noch das Leid, weder die Ungewissheit noch die Ungleichheit oder die Armut aus der Welt schaffen. Sie kann überhaupt nichts wegschaffen. Sie kann keine der großen Menschheitsprobleme lösen. Sie kann nur helfen, dass wir in unserem unmittelbaren Umfeld vielleicht etwas anders an manche Probleme herangehen – und miteinander bei unseren Lösungsversuchen umgehen.

Kleine Formen

Freundlichkeit beginnt im Kleinen. Unscheinbar, kaum der Rede wert. Sie ermöglicht das Zusammenleben im Alltäglichen. In der Gemeinschaft, bei der Arbeit, im Verein. Sie wirkt auch in größeren Zusammenhängen, in Verbänden, in der Gesellschaft. Dort nicht immer sofort erkennbar. Wenn nicht, ist es um das schlecht bestellt, was wir Zivilisation nennen. Ich brauche keine Beispiele zu nennen.

Natürlich: Gemeinschaft und Gesellschaft sind etwas ganz Verschiedenes. Persönliches Verhalten ist nicht gesellschaftliches Wirken. So wenig, wie die Einforderung von Respekt gesellschaftliche Ungleichheiten mindert. Aber vielleicht kann Freundlichkeit Brücken bauen? Vielleicht ist sie tatsächlich eine Art Dolmetscherin? Zwischen den Feldern, Communitys und deren Abgrenzungen wirkend, Teil einer Parabel dieser Zeit, die einige der vielen Ich-Erzählungen miteinander verknüpfen könnte? Das ist meine Hoffnung.

Mich interessieren die »kleinen Formen«, so möchte ich sie nennen. Die es uns ermöglichen, nicht nur selbst zu überleben. Sondern das Leben im Zusammenspiel lebenswerter, manchmal liebenswerter und gelingender zu machen. Es geht darum, genau mit dieser Kombination »ins Gelingen verliebt zu sein«, wie Ernst Bloch es ausdrückte. Ich habe die Erfahrung gemacht, dass diese kleinen Formen für unseren Alltag oft ebenso bedeutend sein können wie manche der großen mächtigen Ereignisse der Weltgeschichte. Einige kann man auch »soziale Mikroinnovationen« nennen, um einen Begriff von Winfried Kretschmer aufzugreifen.

Das sanfte Gesetz

Bei Adalbert Stifter gibt es diesen Gedanken: »Das Wehen der Luft, das Rieseln des Wassers halte ich für groß; der Blitz welcher Häuser spaltet, das Erdbeben welches Länder verschüttet, halte ich nicht für größer als obige Erscheinungen, ja ich halte sie für kleiner, weil sie nur Wirkungen viel höherer Gesetze sind. Sie kommen auf einzelnen Stellen vor und sind das Ergebnis einseitiger Ursachen. Die Kraft, welche die Milch im Töpfchen der armen Frau emporschwellen und übergehen macht, ist es, die auch die Lava im feuerspeienden Berg emportreibt und auf den Flächen der Berge hinabgleiten lässt […].

So wie es in der äußeren Natur ist, so ist es auch in der des menschlichen Geschlechtes. Ein ganzes Leben voll Gerechtigkeit, Bezwingung seiner selbst, Verstandesgemäßheit, Wirksamkeit in seinem Kreise, Bewunderung des Schönen, verbunden mit einem heitern gelassen Sterben, halte ich für groß; mächtige Bewegungen des Gemüts, Zorn, Rache […] halte ich nicht für größer […]. Wir wollen das sanfte Gesetz zu erblicken suchen, wodurch das menschliche Geschlecht geleitet wird.«

Adalbert Stifter sagte nicht, das sanfte Gesetz sei stärker als das Gesetz der Gewalt oder als das Gesetz des Stärkeren. Er empfahl nur, dem sanften Gesetz mehr Beachtung zu schenken. Möglichst frühzeitig. Einwirken auf das, was noch nicht verhärtet ist, könnte man es auch nennen.

Wir nennen es auch Kommunikation. Aber damit ist nicht viel und zugleich zu viel gesagt. Im Zeitalter der alles übertönenden Medien, der elektronischen Geräte und digitalen Maschinen, die längst auch unabhängig von uns miteinander kommunizieren.

Ich meine wirklich: miteinander sprechen. Von Angesicht zu Angesicht. Von Stimme zu Stimme. Von Ohr zu Ohr. Ins Gespräch kommen und gemeinsam etwas herausfinden. Einen Ort und die Zeit finden, die das ermöglichen. Dabei nicht auf einen Monitor oder auf die Uhr schauen.

Miteinander sprechen ist die Bewährungsprobe der Freundlichkeit.

Öffnen und schließen

Ich möchte mit dem Rundesten, Einfachsten beginnen: mit dem Grundmuster jedes guten Gesprächs, jedes echten Dialogs, nämlich mit dem Öffnen und Schließen.

So einfach wie das Einatmen und das Ausatmen. Doch während diese Form bei jedem von uns automatisch, vegetativ abläuft, wird in der Kommunikation die erste Hälfte der Form oft verschluckt. Wir schließen sofort. Von uns auf andere. Von einer Beobachtung auf eine gesicherte Einschätzung, vom Teil aufs Ganze, von einem Beispiel auf alle. Von einer momentanen Emotion auf eine Wertung. Daumen hoch, Daumen runter, das haben wir

Tausende Jahre trainiert in den Stadien der Welt. Will sagen: Wir kommen sofort zum Schluss. Das Gegenüber empfindet das manchmal wie einen Schuss. Selbst wenn das Gespräch weitergeht, hat die oder der andere schon innerlich zugemacht. Und sucht eigentlich nur nach der geeigneten Munition, um zu kontern. Sollte das Gespräch nach außen hin weiter freundlich ablaufen, dann ist das nur ein aufgesetztes Mienenspiel.

Vor allem: Es kommt nichts dabei raus. Es ist weder effizient noch effektiv. Es ist letztlich nur vergeudete Zeit.

Ich habe Hunderte solcher Gespräche mitbekommen, teils in Situationen, in denen ich gezielt als Beobachter eingeladen war, teils irgendwo in Cafés oder Restaurants, in denen ich nicht umhinkonnte, zu hören, was an den Nachbartischen gesprochen wurde.

Die kleine Form des Öffnens und Schließens unterbricht diese unergiebigen, manchmal unheilvollen Abläufe. Wir nehmen uns Zeit für das Öffnen, Zuhören, das Verstehen und Kennenlernen, das Offenhalten unseres Urteils, das Drehen und Wenden. Unsere Haltung dabei ist die des Archäologen, der noch nicht weiß, was er finden wird – oder was es ist, das er gefunden hat. Diese Form, diesen Rhythmus können wir in allen Gesprächen, Meetings, Workshops anwenden. Sie ist freundlich und produktiv. Wir kommen zu guten Lösungen.

Giraffe oder Schakal

Es kann ganz einfach sein und gelingen. Es kann sehr lange dauern und gelingen. Es kann aber auch eine bittere Lehrstunde werden. Dann heißt es: Pick yourself up. Nicht wie beim Boxkampf mit noch härteren Schlägen und noch mehr Deckung. Sondern ganz anders. Durch die paradoxe Stärke einer offenen und verletzlichen Kommunikation, die Marshall B. Rosenberg »Nonviolent Communication« genannt hat. Diese ist schwieriger zu praktizieren als der Schlagabtausch. Aber viel wirksamer, wenn wir gemeinsam Ergebnisse erzielen wollen. (Selbst in kriegerischen Zeiten. Sofern wir nicht direkt an der Front oder ins Kampfgeschehen verwickelt sind.)

Die deutsche Übersetzung klingt ein wenig gestelzt: »Gewaltfreie Kommunikation«. Das hat vielleicht manche abgeschreckt.

Dabei war Marshall B. Rosenberg selbst bodenständig, pragmatisch und witzig. Besonders, wenn er mit seinen Handpuppen auftrat, deren Mimik und Gesten das Gesagte untermalten. Die Giraffe mit dem starken Herzen und der großen Übersicht und der zänkische, aggressive Schakal streiten um die Deutungshoheit in den alltäglichen Kommunikationsereignissen. Von den Familienangelegenheiten bis zu den Anfeuerungsrufen im morgendlichen Stau. Rosenberg gestand, dass er sich dabei auch schon mal in der Rolle des Schakals, englisch »jackal«, wiedergefunden habe.

Was passt zur Rolle des Jackal? Im Recht zu sein und den anderen für blöd zu halten: »Idiot!« Von beidem felsenfest überzeugt zu sein. Beides nicht infrage zu stellen und sich schon gar nicht in die Rolle des anderen zu versetzen. Und dabei bewusst oder unbewusst in einer Sprache zu sprechen, die andere abwertet. Und die uns von anderen abschneidet, »that cuts us off from life«, wie Rosenberg einmal sagte.

Die Jackal-Sprache zu erlernen ist nicht schwer. Jeder Verkehrsteilnehmer wird es bestätigen. Aber wie ist es mit der anderen Sprache? Können wir sie lernen?
Warum eigentlich nicht? Freundlich miteinander sprechen ist eine soziale Kompetenz. Und sie ist für das gute Funktionieren von Gemeinschaften, Familien, Organisationen offensichtlich von Bedeutung. Organisationen, die sich als lernende verstehen, haben das verstanden. Und versuchen, daran zu arbeiten.

Dabei geht es zunächst um eine ganz einfache Spielregel. Scheinbar einfach. Sie heißt:

◆ Unterlassen
◆ Weglassen
◆ Leer werden

Was können wir weglassen?

◆ Moralische Urteile
◆ Wertungen
◆ Recht haben wollen

Ich weiß: Für manche bricht damit viel weg. Andere bewerten wollen ist ihr täglich Brot. Aber hier plädiere ich wirklich für Askese. Es ist gesünder.

Ich sage das auch deshalb, weil ich es immer wieder erlebe, dass gerade von sich selbst überzeugte Menschen nur zu gerne abschätzig über andere reden. Sie haben einfach recht, denken sie. Und dabei merken sie nicht, dass sie ständig andere abwerten, entwerten. Sie sind wandelnde Fahrkartenautomaten. Im privaten Bereich, im kleinen alltäglichen Gerede erleben wir das häufig.

Andere wiederum sind so selbstkritisch und nehmen sich auch den kleinsten Fehler so zu Herzen, dass sie sich dabei selbst abwerten. Und ist das nicht jedem schon einmal passiert? Doch auch die Selbstabwertung verhindert eine gute, freundliche Kommunikation. Sie ist zu uns selbst unfreundlich.

Womit können wir anfangen? Mit einer inneren Vereinbarung. Versuchen wir einmal vor dem nächsten Gespräch oder vor der nächsten Wortmeldung »Stopp« zu sagen, nicht zu werten, nicht zu wissen, was wir zu wissen meinen. Und nicht recht haben zu wollen. Nur einen Augenblick lang.

Nutzen wir diesen Augenblick, um innerlich umzustellen: vom Werten auf das Offenhalten, vom Sagen auf das Zuhören. Vom Antworten auf das Fragen. Vom »So ist es!«-Modus auf den »Ist es so?«-Modus.

Der imaginäre Kreidekreis

Wenn wir aber eine klare Meinung haben? Dazu kommen wir später.

Wenn wir vielleicht aber doch recht haben? Wenn wir gleichsam die rechtmäßige Mutter sind?

Denken wir daran, was ihr passierte, als sie daran festhielt und an ihrem Kind zerrte. Ziehen wir um alles, was uns lieb ist, einen imaginären Kreidekreis und hören wir auf zu zerren.

Wenn uns das gelingt, ist alles andere auch zu schaffen:

1. Achtsam beobachten und zuhören
2. Die Gefühle anderer wahrnehmen
3. Sich für die damit verbundenen Bedürfnisse interessieren
4. Auf die Idee kommen, andere um etwas zu bitten

Das sind die Komponenten der Nonviolent Communication nach Rosenberg.
Man könnte es auch so ausdrücken:
»Jenseits von richtig und falsch liegt ein Ort. Da treffen wir uns.« Dieses Bild stammt von Rumi, einem persischsprachigen Gelehrten und Dichter des Mittelalters, der im Norden Afghanistans geboren wurde.

Der Jackal in uns

Manchmal haben wir Gesprächspartner, die nicht nur mit Vehemenz ihre Meinung vertreten, sondern die mit gleicher Heftigkeit den anderen suggerieren, sie müssten das auch so sehen: Das ist nun aber wirklich so was von klar. Aber hallo. Da gibt es kein Vertun. Wenn du das nicht auch so siehst, bist du …
Na was wohl? Natürlich. Da sind wir wieder am Ausgangspunkt. Die anderen trifft schon dafür, dass sie nicht der gleichen Meinung sind wie der oder die Wortführende, ein strafender Blick. Das geht nun wirklich nicht! Wie kannst du es wagen! Früher waren es Lehrer und Eltern, die so redeten wie der Jackal bei Marshall Rosenberg. Heute kommen sie aus allen Generationen. Die Andersdenkenden haben nur die Möglichkeit, zu nicken und einzuknicken. Sonst ist das Gespräch beendet.

Wir führen es ein paar Takte weiter:
Aber die Fakten sind doch eindeutig. Es ist bewiesen. Durch die Wissenschaft! Willst du das bezweifeln?

Das mag sein, erwidert die Freundlichkeit. Aber willst du mit den anderen weitersprechen? Oder möchtest du über den anderen triumphieren? Und: Kennst du den Unterschied zwischen Diskussion und Dialog?

Was tut das zur Sache? Hier geht es um die grundlegende Weichenstellung für unsere Zukunft!

Eben deshalb. Wer eine Diskussion führen will, möchte gewinnen. Wer einen Dialog führt, möchte, dass die Zukunft gewinnt.

Vielleicht sagst du doch noch ein Wort zu dem Unterschied?

Arena, Diskussion, Dialog

»Diskussion« kommt vom lateinischen »discutere«. Was ursprünglich so viel heißt wie »zerhauen, zertrümmern, zerschlagen«. »Dialog« kommt vom griechischen »dialegein«. Es meint ursprünglich: »gemeinsam herausfinden im Gespräch«.
Im Alltag wird zwischen Diskussion und Dialog heute nicht immer unterschieden. Es sei denn, irgendjemand fordert in der öffentlichen Rede mit Inbrunst einen Dialog. Meist, wenn es schon zu spät ist. Da wurde vorher zu lange nur diskutiert. Oder gar nichts getan. Oder beides, gepaart mit Desinteresse. Oder mit scharfer Munition geschossen.

In der politischen Arena und in den Medien, die diese spiegeln, zählt seit alters her vor allem die Diskussion. Nicht der Dialog. Wer in der Arena den anderen nicht in die Knie zwingen kann, sollte dort besser nicht antreten. Das sind die uralten Spielregeln. Die heute gelegentlich durch spieltheoretische Kniffe angereichert werden.

In den allermeisten Fällen, vermutlich in mehr als neunzig Prozent aller Fälle, sind wir jedoch nicht auf dem Kampfplatz. Wir sprechen einfach miteinander. In der Familie, im Freundeskreis, im Verein, mit Kolleginnen und Kollegen, mit Nachbarn und mit vielen anderen. Da ist keine Arena. Die Medien haben uns nur daran gewöhnt, zu glauben, dass alles Arena sei und wir uns dort ständig behaupten müssten. Doch das ist reine Fiktion.

Ein guter, professioneller Dialog ist mitnichten das Gegenteil von Dissens. Er ist vielmehr die Form, unterschiedliche Positionen zu akzeptieren, wie sie sind. Und dabei herauszufinden, ob es einen Ort gibt, an dem etwas Neues entstehen könnte.
Ein professioneller Dialog ist eine Form der kreativen, produktiven Problemlösung. Eine Diskussion ist meist weder das eine noch das andere. Sie ist nur eine Schau der Eitelkeit. Und Unachtsamkeit.

Ein professioneller Dialog ist eine effiziente Methode, »Mehrhirndenken« zu praktizieren. In einer freundlichen Form. Das kann genauso trainiert werden, wie wir das Laufen oder das Schwimmen trainieren, wenn wir uns als Hochleistungssportler auf einen Wettkampf vorbereiten.

Und wie können wir das trainieren?

Es gibt dazu zum Beispiel eine einfache, komprimierte Methode des professionellen Dialoges, die gut zu handhaben ist. Sie geht zurück auf Modelle der kollegialen Beratung von Roswitha Königswieser und auf Gedanken des Physikers David Bohm über den Dialog. Die Methode kommt aus der systemischen Arbeit. Sie ist eine Art Labor des Dialogs, genannt DiaLab. Mit klar strukturierten Arbeitsschritten des Öffnens und des Schließens.

Diese kleine Form funktioniert am besten bei einer kleineren Anzahl von Personen. Das ist die »quantitative Bestimmtheit der Gruppe«, wie Georg Simmel es genannt hat. Dialoge funktionieren überhaupt besser in kleineren Gruppen. Deshalb ist es so wichtig, in großen Veranstaltungen immer wieder zwischendurch die kleineren Formen des Austausches zu suchen. Das stärkt und ermöglicht zugleich differenzierte Sichtweisen. Das Gemeinschaftliche und die Vielfalt ergänzen sich, ergeben eine freundlich gelassene Mischung.

Dabei geht mir durch den Kopf: Vielleicht ist das auch mit ein Grund, warum es in manchen unserer kleineren Nachbarländer so viel gelassener zugeht. Etwa in Dänemark und in anderen skandinavischen Ländern. Pragmatische Zukunftsdialoge über die Grenzen der gesellschaftlichen Sektoren hinweg sind dort seit vielen Jahren bekannt und erprobt. Vielleicht sollten wir häufiger über Grenzen fahren? Oder über Brücken gehen?

Mit realistischem Sinn

Sicher: Wer aus der Haut des Jackal oder eines Reineke Fuchs nicht rauskann und es auch nicht will, wird nicht durch einen Dialog gezähmt. Solche Menschen lassen sich aber auch nicht durch eine Diskussion von ihrer Position abbringen. Sie wollen stets ihre Truppen in Stellung bringen. Auch mit Trainings ist da in der Regel wenig auszurichten. Wenn Interventionen überhaupt etwas bewirken können, hätten sie früher einsetzen müssen.

Die letzte Lektion: Ein Leitfaden für die Zukunft ist der Titel eines kleinen Bändchens von Amos Oz. Es enthält die Mitschrift seiner letzten Rede an der Universität in Tel Aviv. Gehalten im Juli 2018. Wenige Monate vor seinem Tod. In seiner Rede stellt er die Frage:
Was ist Führung?
Seine Antwort: »Leute davon zu überzeugen, Dinge zu tun, von denen sie tief im Herzen wissen, dass sie sie tun müssen, zu denen sie aber keine Lust haben.« Er war davon überzeugt, dass Aggression das eigentliche Übel ist. Aggression entsteht, noch bevor Gewalt ausgeübt wird. Er hatte als jüdischer Schriftsteller und israelischer Bürger in seinem Leben einige Gelegenheiten, diese Lektion zu lernen. Amos Oz war kein Pazifist. Aber er hatte ein großes Gespür für das, was in den Köpfen der Menschen Unfrieden auslöst. Und was immer wieder aufs Neue in Gewalt endet.

Am Ende seines Vortrages erzählt er eine Geschichte. Aus seiner Zeit bei der israelischen Armee. Er war als Reservist eingezogen worden. Sein Kommandeur war ein Freund von ihm aus der Studentenzeit, der wie er Philosophie studiert hatte.

Eines regnerischen Tages ruft der Kommandeur ihn zu sich. Er müsse mit ihm reden. Oz dachte sich: Der langweilt sich heute und will mit mir über Spinoza reden. Er geht zum Kommandeur.
Während sie so sitzen und miteinander sprechen, hören sie durchs Fenster laute Kommandorufe. Sie gehen ans Fenster: Draußen scheucht im strömenden Regen ein Oberfeldwebel eine Abteilung von Rekruten über den Platz, lässt sie sich in die Pfützen werfen, wieder aufstehen. Und das Ganze noch einmal und noch einmal. Hin und her. Hin und her.
Irgendwann lässt der Kommandeur den Oberfeldwebel kommen.
Bei Oz klingt das ungefähr so (ich gebe den Wortwechsel in freier, etwas gekürzter Form wieder):
»Schlomo: Was sind das für Leute da draußen?«
»Gerade angekommen. Es sind noch nicht mal Rekruten.«
»Was machen die dann hier?«
»Sie sollen im Camp Arbeiten verrichten, bis sie eingeteilt werden.«
»Warum tun sie das dann nicht?«

»Kommandeur, der Regen verhindert es.«

»Warum jagst du sie dann so herum?«

»Damit sie nicht vergessen, wer sie sind.«

Darauf legt der Kommandeur seinen Arm um die Schulter des Oberfeldwebels. Er schaut mit ihm zum Fenster heraus:

»Schlomo: Wer du bist, wissen wir alle: einer den besten Oberfeldwebel der israelischen Armee.

Wer die sind, weißt du noch nicht.

Schau mal, der da mit der rutschenden Hose: Vielleicht ist das der kommende Beethoven? Oder der da mit der Brille, ziemlich mager, vielleicht ist das ein Einstein?

Oder der da hinten: Vielleicht ist das der kommende Generalstabschef?«

»Wer? Kommandeur?«

Es gibt Möglichkeiten, Aggressionen schon im Ansatz zu unterbinden. Manchmal gehört dazu Humor. Wir nennen ihn zu Recht »entwaffnend«.

Musik machen

»Mit unerschütterlicher Freundlichkeit«, so hat es Thomas Assheuer beobachtet, »bohrt er nach.« Die Rede ist von Dieter Bachmann, bis vor Kurzem Lehrer an der Georg-Büchner-Gesamtschule im mittelhessischen Stadtallendorf, und seiner bemerkenswerten Art zu unterrichten. Damit jede Schülerin und jeder Schüler aus eigenem Antrieb lernt. Ganz gleich, woher sie kommen, wie schwierig die Lage im Elternhaus ist, was sie gerade traurig macht oder warum sie möglicherweise eben abgelenkt waren. Maria Speths Dokumentarfilm *Herr Bachmann und seine Klasse* fängt die Szenen dieser unerschütterlichen Freundlichkeit mit der gleichen Unerschütterlichkeit einer liebevollen Beobachtung ein.

Wir spüren: Für den Lehrer sind die Beziehungen zu jedem Einzelnen stets wichtiger als der Lernstoff. Gerade deshalb wird ernsthaft gelernt. Ohne dass über dieses pädagogische Prinzip groß theoretisiert wird. Es ereignet sich. Es wird praktiziert.

Und wenn es mal nicht so gut geht? Wenn die Fragen, Blicke und Gesten des Lehrers nicht richtig ankommen? Was bleibt ihm übrig?

Mehr als genug. Er hat eine Gitarre, ein Schlagzeug und eine Stimme. Und ein Repertoire von Songs. Plötzlich hebt die kleine Welt der Klasse 6b an zu singen. Niemand hält das für kitschig oder für romantisch.

Es ist eher witzig, befreiend und sehr freundlich. Die Sprache der Musik verbindet. Vielleicht sind es auch in besonderer Weise die Songs, die verbinden.

Aus dem Matsch

»Das Versöhnliche«, antwortet der amerikanische Rocksänger David Crosby auf die Frage, was Woodstock jenseits aller Klischees für ihn bedeutet. Er wird oft danach gefragt und er erzählt diese Geschichte immer wieder mit kleineren Varianten, so auch diesmal in der *Zeit*: »Meine Woodstock-Geschichte geht so: Ich beobachte ein sehr hübsches Mädchen, lange blonde Haare, kurzes Kleid, das barfuß im Schlamm geht, in eine Scherbe tritt und dann auf einem Bein stehen bleibt, wie ein Storch, und sich weinend den Fuß hält. Sie hat sich böse geschnitten. Links neben mir steht ein New Yorker Polizist, der grad seinen Dienst begonnen haben muss, seine Uniform ist makellos, seine schwarzen polierten Stiefel glänzen. Ein Typ wie aus einem Werbeplakat für Polizisten. Der sieht jedenfalls das weinende Mädchen, geht zu ihr in den Schlamm, hebt sie hoch, behutsam, respektvoll, trägt sie zu einem Dienstwagen, setzt sie vorsichtig auf den Rücksitz. Aber sein Wagen steckt im Schlamm fest, er kommt nicht weg. Da stehen fünfzehn Hippies auf und schieben sein Auto aus dem Matsch, damit der Polizist das Mädchen zum Arzt bringen kann. Das war meine Woodstock-Lektion.«

Die Farbe Blau

Als die erste Coronawelle Italien erfasste und die Menschen in ihren Wohnungen eingesperrt waren, gab es eine von niemandem angeordnete Gegenreaktion, die das ganze Land wieder atmen ließ.

Die Italienerinnen und Italiener öffneten die Fenster, standen auf ihren Balkonen und sangen *Azzurro* von Adriano Celentano, entstanden 1968, geschrieben von Paolo Conte. Oder *Volare*, noch ein paar Jahre älter: »Nel blu dipinto di blu«. Das war das Blau des italienischen Himmels. Es war zugleich auch eine Art »Blues«, der manches leichter ertragen ließ, weil man gemeinsam Musik machte.

Freunde haben zu Beginn der Coronapandemie, als Online-Meetings für einige noch nicht so selbstverständlich waren, das Einstimmen wörtlich genommen. Das Einsingen, das wir aus Chorproben kennen, wurde in spielerischer Form als kleine Aufwärmübung in die oft mühsamen und langwierigen virtuellen Konferenzformate übernommen.

Die Ernsthaftigkeit der Gespräche hat darunter nicht gelitten. Aber die Gestimmtheit wurde besser, der Ton wurde freundlicher.

Wir wissen nicht, ob das vorübergehende Phänomene sind. Aber wir wissen heute alle, dass Musik eine große Macht ist. In jeder Hinsicht.

Jede Sekunde wird irgendwo einer der über siebzig Millionen Songs gestreamt, die von den Musikdiensten angeboten werden. Die Musik-Streamingdienste haben sich in das tägliche Leben von Hunderten Millionen Menschen eingeklinkt, eingenistet. Von morgens bis abends. 8,3 Milliarden Mal wurden die Songs von Bad Bunny 2020 auf Spotify gestreamt. Das sollten wir wahrnehmen, auch wenn wir Bad Bunny nicht kennen. Oder wenn wir diese gestrauchelte Musik für trostlos halten sollten.

Musik ist eine Sehnsucht. Selbst in ihrer niedergeschlagenen, gedemütigten, regressiven, billig vermarkteten Form, in der sich manche Menschen wiedererkennen, die glauben, dass es ihnen ebenso ergeht. Oder die gerne möchten, dass sie es ebenso weit wie die Stars bringen könnten.

Auch dieses Motiv kehrt in Schlagern, im Rock und im Jazz immer wieder. Wahrscheinlich überall auf der Welt. »Musik erzeugt eine Art Vergnügen, auf das die menschliche Natur nicht verzichten kann«, so Konfuzius.

Eine universelle Sprache

Musik ist eine eigene, universelle Sprache der Freundlichkeit.

Selbst wenn nicht alle Musiker freundlich sind. Selbst wenn die Stücke nicht immer freundlich sind. Selbst wenn die Zwecke der Aufführung nicht freundlich sind. Die Musik hat einen eigenen, nicht tilgbaren Kern, der will, dass wir zumindest für einige Augenblicke miteinander freundlich sind.

In diesen Momenten schwingen wir innerlich mit. Wir summen mit. Oder wir singen mit. Da passiert etwas Ähnliches wie in einem Dialog. Es gibt eine Strukturähnlichkeit. Am deutlichsten ist das im Jazz. Oder bei jazzähnlichen Höhepunkten der Rockmusik. Wenn die Stars und Alleinunterhalter beginnen, auf ihre musikalischen »Co-worker« zu hören. Und wenn sie plötzlich merken, dass da etwas Neues, Wunderbares, Unglaubliches entsteht. Etwas, das sie an die Jahre erinnert, als sie anfingen, richtig Spaß zu haben, Musik zu machen. Mick Jagger mit Buddy Guy im Hyde Park: Champagne & Reefer. Der Jazz- und Weltmusiker Rabih Abru-Khalil und die Sängerin Elina Duni beim Deutschen Jazz-Festival 2022. Oder Konstantin Wecker mit der Popkünstlerin Sarah Straub bei »Z'am rocken«. Aus Routiniers werden wieder Amateure, das heißt Liebhaber, die sich in der Session anstecken lassen von der Musikalität und der Person, die so anders ist.

August 2020. Die Pandemie hatte lange Zeit alles stillgelegt. Für die meisten Musiker war es besonders schwer. Sie konnten nicht mehr auftreten. Sie konnten nicht mehr reisen. Irgendwie findet nun doch das Lucerne Festival statt. Die Pianistin Martha Argerich und das Lucerne Festival Orchestra unter der Leitung des schwedischen Dirigenten Herbert Blomstedt spielen Beethovens Klavierkonzert Nr. 1. Fast jeder hat dieses Stück schon viele Male gehört. Und dann passiert etwas. Das spürt man nach wenigen Takten. Die fast Achtzigjährige und der über Neunzigjährige finden zueinander, wach, aufmerksam, schalkhaft, spielerisch, mit liebevoller Zuneigung, und mit großer Hingebung für das frühe Meisterwerk Beethovens, das Argerich schon bei ihrem ersten öffentlichen Auftritt als Siebenjährige gespielt hatte. Solistin und Dirigent, die Orchestermusiker und das Publikum sind für knapp vierzig Minuten wie verwandelt. Der Musikkritiker der *FAZ* schreibt: »Wir sind einfach hin und weg!«

Das sind Sternstunden. Wir können sie auch mit der besten Technik nicht wirklich reproduzieren. Das brauchen wir oft auch nicht. Wir brauchen nur uns selbst. Und den Mut, zusammen Musik zu machen. Vielleicht dazu, Musiker einzuladen. Und zuzuhören. Das geht (fast) überall. Was in der Schulklasse möglich ist, geht auch in Hörsälen, in Konferenzräumen, in Hinterhöfen. So entsteht Musik. Probieren wir es aus. Verdammt lang her ist ganz nah für unsere aufgeraute Seele. Die Freundlichkeit der Musik ist größer als unsere Vorbehalte. The Times They Are A-Changin' ist nicht nur ein Lied. Aber es ist auch ein Lied. Und in besonderen Momenten entsteht dabei etwas, das wir nicht auf der Rechnung hatten. So wie Bob Dylan von der Musik und von der Kunst überhaupt sagt, ihr gelinge es manchmal, zu zeigen, »dass eins plus eins unter optimalen Bedingungen drei ist«.

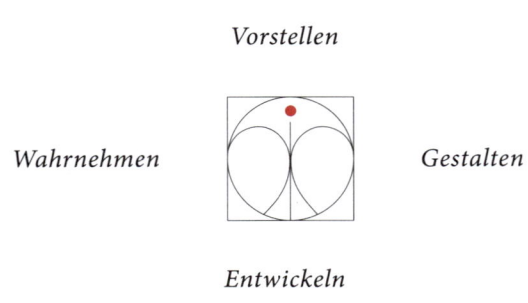

Vorstellen

Wahrnehmen   *Gestalten*

Entwickeln

Wahrnehmen, was entsteht   Gestalten, was trägt
Vorstellen, was geht   Entwickeln, was lebt

Das hat etwas mit Freundlichkeit zu tun.

Gemeinsam essen

Freundlichkeit geht durch den Magen. Das der Liebe zugeschriebene Wort gilt zuallererst für die Freundlichkeit.
Gemeinsam etwas Leckeres essen ist vermutlich die älteste Form, dem anderen Respekt und Freundlichkeit zu zeigen. Nicht das große, gesetzte, ein wenig steife Festessen. Nicht der eilige Imbiss in einer Bude oder in einer Autobahnraststätte. Sondern das Zusammenkommen an einem Tisch bei ausgewählten Gerichten und Weinen. Oder bei anderen Getränken.

Ich kenne keine Kultur, die diesen Brauch nicht hätte: den Fremden zu Tisch zu bitten, ihn einzuladen und miteinander zu essen – Sie sind unser Gast! Lassen Sie es sich schmecken!

Hummus ist ein Gericht, das im Nahen Osten gerne gegessen wird. Von Libanesen, Palästinensern und Israelis. In dem arabischen Dorf Abu Gosh, zehn Kilometer westlich von Jerusalem, treffen sich oft am Wochenende

Bürger aus Jerusalem, um hier den »Hummus Abu Gosh« zu essen. Israelische und palästinensische Politiker kommen an diesem freundlichen Ort gerne zusammen, um sich informell auszutauschen.

Es gibt überall auf der Welt solche Orte. Ob in Pakistan, Tadschikistan oder Vietnam, in Mexiko, in Portugal oder im Senegal. Vielleicht liegen sie versteckt. Vielleicht irgendwo in einem abgelegenen Tal. Vielleicht ist es eine Berghütte. Vielleicht ein Gemeindesaal. Vielleicht irgendwo ein Privathaus.

Manchmal erfordert das Essen eine lange Vorbereitung. Manchmal kocht die Gastgeberin oder der Gastgeber auf Sterneniveau. Manchmal kommen alle am Küchentisch zusammen. Manchmal ist der Tisch besonders geschmückt. Manchmal gibt es einfache Spaghetti. Manchmal reicht ein Fladenbrot oder ein Baguette, ein Stück Käse und ein einfacher Landwein. Aber meist sind die Menschen einander zugeneigt, aufgeräumt, etwas anders gestimmt als in der Fabrikhalle, im Büro, am Rechner, in der S-Bahn oder auf der Poststation.

Gemeinsames Kochen und gemeinsames Essen – das entspannt und verbindet. Wir bauen zwar keine Kalorien ab, aber meist Vorurteile.
Vielleicht lernen wir nebenbei etwas von der Herkunft der anderen – und der Produkte, die wir zu uns nehmen. Wir erfahren etwas über das Land, den Boden, die Ernte. Wir kommen uns näher. Und ins Gespräch. Vielleicht erfahren wir auch etwas mehr über uns selbst. A tavola non s'invecchia, wie ein alter italienischer Spruch sagt. »Bei Tisch altert man nicht.«

Meine Erfahrung: Gute Köche, erfahrene Landwirte und Winzer sind oft die besten Anwälte der Natur und der Nachhaltigkeit, einer intakten Umwelt, einer gesunden Ernährung. Es sind Philosophen einer Praxis der Freundlichkeit.

Geh zu ihnen. Such die Orte auf, wo sie wirken. Schließ dich Netzwerken an, in denen sie aktiv sind. Mach etwas gemeinsam mit ihnen. Iss bei ihnen. Such die Produkte aus, die sie empfehlen. Geh mit Schulklassen dorthin, wo die Produkte angebaut werden. Hilf bei der Ernte.
Lade selbst Freunde ein zum Essen. Oder Noch-nicht-Freunde. Erfinde neue Tafeln. Oder mach mit bei bestehenden. Triff dich mit anderen beim White Dinner. Oder veranstalte selbst eins. Koch gemeinsam mit Kollegin-

nen und Kollegen. Werde Mitglied bei Slow Food. Werde Gastgeber. Oder trage als Gast dazu bei, dass der Gastgeber gerne einlädt.

»Überall Gast zu sein, um dem Menschen, langsam und gemäß seiner Mittel, zum Verständnis zu verhelfen, dass wir alle Gast sind auf dieser Erde. Um unsere Mitbürger jene schwierige Kunst zu lehren, überall zu Hause zu sein und zu jeder Gemeinschaft, in die man eingeladen wird, etwas beizusteuern«, hat Georg Steiner in seinem letzten aufgezeichneten Gespräch gesagt. Er bezog das auf das jüdische Volk und auf das, was er als dessen Aufgabe ansah. Aber ich finde, es ist unser aller Aufgabe.

Vom praktischen Nutzen

Freundlichkeit ist mit der Sachlichkeit verwandt. Mit Kreativität, mit Empathie und mit Sympathie. Ohne professionelle und kreative Freundlichkeit können wir nicht gemeinsam nachhaltig Probleme lösen und im Team nicht dauerhaft Höchstleistungen erbringen. Unternehmer wissen das. Gerade in Krisenzeiten brauchen wir diese Kombination. Und diese kreative Freundlichkeit umfasst Empathie und Sympathie. Das wusste schon Adam Smith: Es hänge vom »Self interest« *und* von der »Sympathy« des Bäckers oder Brauers ab, dass wir etwas zu essen und trinken erwarten können. Ohne hilfsbereite Kreativität, ohne ethische Gefühle, ohne wechselseitige Sympathie und ohne Freundlichkeit kann keine Krise je bewältigt werden. Wir werden auch nicht mit Ungewissheit gelassen umgehen können. Wir brauchen die Freundlichkeit als Begleiterin.

Freundliches lässt uns aufatmen. Freundliches entspannt unsere Mienen und Nerven. Freundliches wird nicht vergessen. Vom Körper nicht und von unserer Seele nicht. Man muss kein Arzt oder Therapeut sein, um das zu spüren. Mark Twain sagt: »Freundlichkeit gegenüber anderen ist eine Sache, die Taube hören und Blinde sehen können.« Freundlichkeit wirkt sich positiv auf unser Wohlergehen und unsere Gesundheit aus. Direkt oder indirekt. Auch deshalb sehnen wir uns danach.

Das Verblüffende ist: Sie ist eine Qualität, die uns auch selbst hilft und schützt. Vor allem, wenn es ruppig und disruptiv zugeht. Das können wir ausprobieren. So oder so.

Es gibt inzwischen viele Forschungen weltweit zum Thema Freundlichkeit. Noch habe ich keine Studie gesichtet, die mich hundertprozentig befriedigt hätte. Vermutlich, weil es so schwer ist, eine Vergleichsgruppe zu finden, deren Teilnehmer längere Zeit konsequent unfreundlich sind. Aber ich halte die Annahme vieler Forscher, Psychologen und Mediziner für evident, dass Freundlichkeit anderen und uns selbst guttut. Der schwedische Mediziner Stefan Einhorn hat es einmal so formuliert: »Der freundliche Mensch ist alles andere als dumm. Er ist vielmehr sehr klug, denn er hat – bewusst oder unbewusst – verstanden, worum es wirklich geht: Was wir für andere tun, tun wir auch für uns selbst.«

Professionalisieren

Es gibt die Geschichte des Mannes, der die französische Küche revolutionierte. Es begann damit, dass er die Arbeitsorganisation in Großküchen komplett umstellte, die Art und Weise, wie die vielen Menschen, die auf engstem Raum arbeiten müssen, zusammen agieren und miteinander kommunizieren. Wo vorher oft ein lautes Geschrei, eine manchmal erregte, im wahrsten Sinne des Wortes hitzige Atmosphäre herrschte, war plötzlich ein ganz anderer Ton am Werk. Präzise, konzentriert, leise. Sehr arbeitsteilig, aber im Zusammenspiel zu sich kommend. Alle guten Küchen der Welt haben zumindest das von Auguste Escoffier gelernt. Nicht nur die französische Haute Cuisine.

Vielleicht ist das, was sich da in den letzten Jahrzehnten des 19. Jahrhunderts in Nizza und Paris abspielte, für die Geschichte der modernen Professionalität ebenso relevant wie die Entdeckungen von Henry Ford, die etwas später in Detroit den Automobilbau revolutionierten. Im Hinblick auf die gegenwärtig sich entwickelnden Formen der Zusammenarbeit in Teams sind sie wahrscheinlich noch relevanter.

Zur Professionalisierung unserer Zeit gehört die Freundlichkeit als Grundton. Verbunden oft mit dem Spielerischen oder wie manche sagen: mit dem Spaß. Mit der Freude am gemeinsamen Tun.

Diese Freundlichkeit ist in traditionellen Organisationen und Machtstrukturen nicht immer durchzuhalten. Aber sie wird alle Teams, die in Zukunft grenzüberschreitend kreativ arbeiten, ebenso prägen wie die konzentrierte, arbeitsteilige Sachlichkeit der Escoffier-Brigaden.

Old-School-Denken sagt: Zuerst gilt es, die Strukturen der Gesellschaft zu ändern. Heilslehren sagen: Zuerst müssen wir den Menschen ändern. Experimentelles Denken dieser Zeit sagt: Fangen wir einfach an. Vernachlässigen wir nicht größere Strukturen, bedenken wir systemische Zusammenhänge. Aber legen wir los. Jeder trägt auf seine Weise arbeitsteilig und professionell dazu bei, Aufgaben zu erfüllen oder Lösungen zu ermöglichen.

Nicht jeder, der sich um gesellschaftliche Veränderungen bemüht, muss in der gemeinschaftlichen Arbeit aufgehen. Und nicht jeder, der in den Gemeinschaften etwas bewegt, muss zwingend größere Strukturen verändern.

Was gemeinschaftliches und gesellschaftliches Tun verbinden könnte, ist Freundlichkeit. Verstanden nach Georg Simmel auch als moderierendes Element, als dritte Person. Oder als dritte Partei.

Meditieren

Neulich erzählte mir ein Freund von einem gemeinsamen Bekannten, dieser mache Schweigemeditationen. Er sei gerade von einem mehrwöchigen Schweigeretreat zurückgekommen. Er selbst, so mein Freund Stephan, sei ja mehr ein bewegungsorientierter Typ. Er meditiere bei längeren Fahrradtouren. Schließlich fragte er mich: Und welche Meditation bevorzugst du?

Da unser Gespräch in einer sehr leichten und aufgeräumten Stimmung stattfand, antwortete ich ohne großes Nachdenken: Ich mache Freundlichkeitsmeditationen. Dieses Wort fiel mir in dem Moment erst ein. Vorher hatte ich meine kleinen Übungen gar nicht benannt. Das schien mir nicht der Rede wert. Nun dachte ich darüber nach, was ich da eigentlich mache. Und da wurde mir klar, dass das Wort »Freundlichkeitsmeditation« die Sache eigentlich ganz gut trifft.

Das Weglassen und das Leerwerden gehören dazu. Das wurde schon erwähnt. »Der leere Raum« von Peter Brook ist eine meiner Lieblingsmetaphern. Leer werden und sich dann positiv fokussieren. Auf ein paar ganz wenige Worte oder Bilder, die für mich etwas Freundliches oder Heiteres ausstrahlen.

Das ist meine Vorbereitung auf den Tag. So wie die Lektüre eines guten Gedichts, Essays oder Briefes den Tag abrunden. Manchmal trägt das auch in den Stunden, die nicht so leicht sind. Und manchmal kann ich davon vielleicht etwas abgeben.

Einfach freundlich sein

Als ich vor ein paar Jahren das erste Mal an einem kalten, sonnigen Winter-sonntag in dem kleinen Ort Goldegg zu einem etwas längeren Spaziergang aufbrach, war ich nach wenigen Minuten überrascht. Da war etwas sonder-bar. Alle Spaziergänger, denen ich begegnete, riefen mir ein freundliches »Griaß di!« zu. Nun, dachte ich mir, das liegt vielleicht daran, dass heute Sonntag ist.
Am nächsten Tag ging ich auf die Loipe. Es waren nur wenige unterwegs. Aber alle, die mir begegneten, auch bei steileren Anstiegen, warfen mir ei-nen freundlichen Blick zu, verbunden mit einem fröhlichen »Griaß di!«.
Später erfuhr ich, dass die Kinder dies bereits im örtlichen Kindergarten als eine Selbstverständlichkeit im Umgang miteinander lernten. Irgendwann wird das offenbar wirklich selbstverständlich – ein natürlicher, authenti-scher Teil des alltäglichen Verhaltens.

Die Welt freundlicher machen heißt nicht, sich etwas vorzumachen, zum Beispiel sich einzureden, dass die Welt schon heute freundlich wäre. Oder dass sie es morgen wäre.
Es heißt vielmehr, Bedingungen zu schaffen, dass sie freundlicher wird. Und selbst dazu beizutragen. Den eigenen Möglichkeiten entsprechend.

»Der eine baut, ein anderer konstruiert, ein Dritter macht Musik«, wie es auf einer Tafel der Freunde des Winzerberges in Potsdam heißt.
Die mit ihrer freiwilligen Arbeit diesen Weinberg in einem Zeitraum von etwa zehn Jahren wieder aufgebaut und zu einem liebenswerten Ort ge-macht haben, an dem sich Menschen treffen, miteinander sprechen, trinken und essen, spazieren gehen, Musik machen, freundlich sein können.

Das Schöne daran ist: Ich kann damit beginnen und experimentieren, auch wenn ich die tieferen Probleme der Unfreundlichkeit in der Welt dadurch natürlich nicht lösen kann. Doch ich kann bei allen Maßnahmen, die vorgeschlagen werden, fragen: Ist das freundlich?
Wenn ein neues Stadtviertel gebaut wird. Ein neuer Platz. Ein neuer Betrieb. Ein neues Krankenhaus. Ein neues Altenheim. Eine neue Raststätte. Eine neue Fabrik. Ein neues Lager. Wenn eine neue Technologie entwickelt wird. Eine neue Regelung. Ein neues Produkt. Ist das freundlich? Menschenfreundlich, umweltfreundlich, kundenfreundlich, gastfreundlich? Wie können wir es freundlicher machen? Und ich kann selbst mit meiner Haltung etwas Freundliches in die Welt bringen. Das strahlt aus. Das steckt an.

Wo immer etwas geplant oder gebaut, konzipiert oder produziert wird: »Freundlichkeit« könnte einer der Begriffe sein, von denen wir uns in Zukunft leiten lassen. Eine Kategorie, die für uns maßgebend ist und der wir uns – aus freien Stücken – verpflichtet fühlen. Ähnlich wie die Begriffe »Nachhaltigkeit« oder »Sozialverträglichkeit«.

Bei jeder Planung, bei jedem Projekt

Der Architekturkritiker Niklas Maak hat in einer Analyse der Parteiprogramme 2021 festgestellt, dass sich alle Parteien ausgiebig über das Thema Wohnungs- und Städtebau auslassen. Aber die Zukunft werde vor allem im »massenhaften Hinmetern von Neubaueinheiten« gesehen. Wie diese Häuser und Straßen aussehen könnten, was außer bezahlbaren Mieten und Sozialverträglichkeit noch relevant sei, blieb vage. Dabei hätten »die vergangenen Jahre gezeigt, dass schnell errichtete Wohneinheiten Brutstätten für die ökologischen und sozialen Probleme der Zukunft sind. Selten sah Architektur trostloser aus als in diesen Aneinanderreihungen trostloser Kisten mit Lochfenstern und billigem Dämmschutz, der schon ein paar Jahre nach Fertigstellung wieder marode ist.«

Es wäre viel gewonnen, wenn künftig bei jeder Planung, bei jedem Projekt und bei jeder Maßnahme gefragt würde: Ist sie freundlich? In Gedanken und Ausführung? So wie in vielen Unternehmen längst gefragt wird: Ist diese oder jene Maßnahme nicht nur effizient, sondern trägt sie zur Reduktion des CO_2-Ausstoßes bei? Hilft sie, die »Sustainable Development Goals«

(SDGs) der Vereinten Nationen zu erfüllen? Oder den Zielrahmen der ESG, wie es die Europäische Union künftig von Investoren, Immobilienentwicklern und ca. 50.000 größeren Unternehmen fordert?

Wer freundlich ist, trägt zu ihrer Verwirklichung bei. Ohne vorher in Richtlinien oder Handbücher schauen zu müssen. Behelfsweise können wir statt »freundlich« auch zusammengesetzte Wörter verwenden – wie »umweltfreundlich«, »nutzerfreundlich«, »menschenfreundlich«. Die Gefahr dabei ist jedoch, dass nur das erste Wort bewusst wahrgenommen wird. Das zweite Wort geht schnell unter. Wenn ein belehrendes »Wir müssen« den Ton der Rede bestimmt, hat das zweite Wort sowieso keine Chance, sich zu behaupten.

Ist es schön?

Was wäre, wenn wirklich eines Tages das Wort »freundlich« in Planungspapieren von Stadtentwicklern oder in Parteiprogrammen eine relevante Kategorie wäre? Wenn bei der Innenstadtbebauung wie in den Vorstädten auf Freundlichkeit geachtet würde? Wenn Plätze und Viertel danach beurteilt würden, ob sie freundlich sind? Wenn die Umstellung auf öffentliche Verkehrssysteme auch unter dem Blickwinkel der Freundlichkeit betrachtet würde? Wenn Freundlichkeit beim Smart Green Deal der Städte und Regionen einen hohen Stellenwert bekommen hätte? Überall. Und wenn in Stadt- und Bürgerversammlungen noch mehr als bisher danach gefragt würde: Wie freundlich ist das, was ihr da vorhabt? Bei Unfreundlichem werden wir nicht mitwirken. Bei der Wendung zur Freundlichkeit gerne.

Zur Erläuterung oder Vertiefung könnte man bei den Machern nachfragen: Ist es schön? Ist es einfach? Nicht für euch, sondern für die, die damit eine Weile leben müssen, wenn es denn nachhaltig sein soll?

Ich bin gerne in Weimar. Für mich eine der schönsten Städte Deutschlands. Warum? Ich vermute, weil dort die städtische, kulturelle, ästhetische Substanz noch ein wenig stärker ist als das »Hinmetern« in vielen anderen Städten. Ich habe darüber bei Veranstaltungen des Netzwerks Innenstadt in NRW gesprochen. Und ich habe darüber in Weimar gesprochen. Beim Digital Bauhaus Summit in Weimar. In meinem Vortrag über das Bauhaus,

»Bucky« Buckminster Fuller und über die Zukunft der Einfachheit. An einem extrem heißen Sommertag, der uns einen Vorgeschmack auf kommende Sommer bot.

Was uns abgesehen vom Klimawandel wirklich in den nächsten Jahrzehnten erwartet, wissen wir nicht. Wir wissen auch nicht, wie wir mit den grenzüberschreitenden Krisen, der Unsicherheit und den Turbulenzen umgehen werden. Was auch immer uns erwartet: Wir brauchen neben physischer und mentaler Widerstandskraft eine innerliche Substanz, eine kulturelle und ästhetische. Freundlichkeit gehört für mich zu dieser Substanz. Sie ist elementar für das menschliche Zusammenleben. Das ist übrigens in allen Kulturen die Überzeugung der Menschen, die wir als weise bezeichnen würden.

Klimafreundlich und generationsübergreifend bauen

Eigentlich scheint alles sehr einfach. Klimafreundlich ist umweltfreundlich. Beides ist eins. Wenn man es richtig anstellt, ist es auch ökonomisch. Und der Zusammenhang scheint auf der Hand zu liegen.

»Wir müssen mit weniger Stahlbeton bauen«, sagt der Architekt und Bauingenieur Werner Sobek. »Die Herstellung eines Kubikmeters Stahlbeton geht mit der Emission von etwa 330 kg CO_2 einher. Ein einzelner, großer und gesunder Baum benötigt circa 10 Jahre, um diese Menge CO_2 zu binden.« Zement ist einer der Hauptbestandteile von Beton. Nach den Angaben des Weltklimarates gehen drei Milliarden Tonnen CO_2 jährlich allein auf die Produktion von Zement zurück. Das sind bis zu zehn Prozent des vom Menschen ausgestoßenen Treibhausgases.

Beton ist nicht nachhaltig. Ein Baum ist nachhaltig. »Einen Olivenbaum pflanzt man für seine Enkel«, lautet ein altes griechisches Sprichwort. Wer Bäume pflanzt – und dabei auf Vielfalt achtet –, handelt freundlich. Wer mit Holz, Bambus oder Lehm baut, handelt freundlich. Wer dafür sorgt, dass nachwachsende Rohstoffe nachwachsen, auch unter den Bedingungen des Klimawandels, handelt freundlich. Das versteht jeder. Generationsübergreifend. Auf jedem Fleck der Erde.

Das ist auch eine Kernidee der Initiative »Bauhaus der Erde«, die u. a. von dem Klimaforscher Hans Joachim Schellnhuber und der Architektin Annette Hildebrandt gegründet wurde. Eine Idee, die von der EU aufgegriffen wurde und inzwischen in vielen Ländern Europas mit zahlreichen dezentralen Projekten der Initiative »Neues Europäisches Bauhaus« vorangetrieben wird. Kann das historische Bauhaus ein Vorbild sein für das Umschalten auf Nachhaltigkeit im Immobiliensektor? Es ist eine Hoffnung.

Die Welt neu bauen. Im Kleinen. In unseren Städten und Stadtvierteln. Das wird die Aufgabe sein. Mit anderen Materialien. Mit erneuerbaren Energien. Mit weniger Emissionen. Mit weniger Hässlichkeit. Ob das gelingt? Dazu brauchen wir Freundlichkeit.

»Was wäre, wenn Walter Gropius und seine Mitstreiter sich plötzlich in der Welt von heute wiederfänden?«, fragt Hans Joachim Schellnhuber. Oder was wäre, möchte ich ergänzen, wenn Filippo Brunelleschi heute wieder beobachtend durch die Straßen schlenderte?

Unerhört

»Die Florentiner verlangten von ihren Meistern das Unerhörte und nie Dagewesene«, hat der Kulturhistoriker Jacob Burckhardt Ende des 19. Jahrhunderts einmal geschrieben. Der Architekt Brunelleschi verlangte es von sich selbst. Er hatte den Auftrag von der Zunft der Seidenhändler angenommen, an einem noch weitgehend unbebauten Platz eine soziale Einrichtung zu bauen. Ein Findelhaus mit angeschlossener medizinischer Versorgung der Kinder. So entstand ab 1419 das Ospedale degli Innocenti. Einer der beeindruckendsten und schönsten Bauten der Frührenaissance. Bis 1427 hatte Brunelleschi die Bauleitung, erst 1445 wurde es fertiggestellt.

Die größte Sorgfalt und Hingebung für eine soziale Institution, in der ausgesetzte Kinder der Armen aufgenommen wurden und eine Heimstätte bekamen. Bis zu vierhundert Kinder wurden hier versorgt. Eine komplexe Anlage mit Kirche und Krankenstation, Innenhöfen und prachtvoller Loggia. Die Säulen sind eine Innovation. Sie beginnen etwa in der Höhe des Schuhs, stehen nicht wie früher auf abweisenden Mauern. Sie verkörpern Freundlichkeit und menschliches Maß. Und von Anfang an hat Brunelleschi daran gedacht, den gesamten Platz zu entwickeln. Die späteren Architekten haben die Strukturen aufgegriffen. Die Loggia fand hundert Jahre später an dem nahezu rechteckigen Platz eine Entsprechung auf der gegenüberliegenden Seite. So entwickelte sich die Piazza della Santissima Annunziata. Sie ist in Korrespondenz zum Findelhaus bis heute einer der schönsten und stimmigsten Plätze Italiens.

Das Ospedale degli Innocenti ist übrigens auch im 21. Jahrhundert nicht nur ein Museum. Es beherbergt immer noch eine soziale Einrichtung, ein Waisenhaus im hinteren Teil der Anlage. Der Bau und der Bauzweck haben mehr als ein halbes Jahrtausend überstanden. Das möchte ich nachhaltig nennen.

An der Ecke nebenan

»Free food« oder »Friendly and free fridge4you« sind die Aufschriften auf den Kühlschränken, die seit 2020 auf einigen Straßen von New York stehen. Sie werden ohne großes Aufsehen von Bürgern mit Lebensmitteln gefüllt und sind schnell wieder geleert. Eine Geste der Freundlichkeit und eine Aktion, die funktioniert. Gerade in schwierigen Zeiten.

Dabei war es eigentlich ein Zufallsprodukt. Thadeus Umpster, einer der Organisatoren der Tafeln für Bedürftige in der Metropole, suchte nach einem weiteren Kühlschrank für seine Wohnung, um die Lebensmittel für die Tafel kühl halten zu können. Er fand auf einer Online-Plattform ein Angebot für einen kostenlosen Kühlschrank. Dieser wurde geliefert, passte aber nicht durch die Haustür. Daraufhin ließ er ihn erst mal draußen stehen. Zettel dran: »Free food«. Unkompliziert und freundlich. Wie das ganze NYC Community Fridge Project mit einer eigenen Map, die auch bei Google zu finden ist.

Put your heart into kindness

Vor rund zwanzig Jahren starb die sechsjährige Natasha Jaievsky bei einem Verkehrsunfall in der kalifornischen Stadt Anaheim. Sie war ein sehr kreatives Kind, das gerne malte. Vor allem Regenbogen. Ihre lebensfrohen

Bilder versah sie mit Botschaften der Freundlichkeit. Zum Beispiel: »Put your heart into kindness.« Nach ihrem Tod vervielfältigte der Vater Edward Jaievsky die Bilder der Tochter und hängte sie überall in der Stadt als Erinnerung an die Tochter an Wände, Mauern, Bäume.

Tom Tait, der Bürgermeister von Anaheim, wurde auf diese Bilder aufmerksam. Er beschäftigte sich damit, setzte sich mit ihren Botschaften auseinander – und übernahm sie. Er wollte den Anstoß geben, Anaheim zu einer freundlichen Stadt zu machen, zu einer »City of Kindness«. Es entstanden zahlreiche Initiativen an Schulen, in Stadtvierteln, bei der Polizei. Das Ziel: »One Million Acts of Kindness«.
Dafür arbeiteten er und seine Mitstreiter:innen. Er wurde wiedergewählt. Nach seiner Amtszeit versuchte er, die Idee der »City of Kindness« zu multiplizieren. Mit Unterstützung des Dalai Lama. Alles ein wenig plakativ und werblich. Vielleicht auch ein wenig naiv. Mit kalifornischer Unbekümmertheit.

Städte der Freundlichkeit

Sich auf einen Punkt zu konzentrieren, ist wichtig für eine Kampagne. Ist gut für einen starken Impuls. Ob dieser reicht, komplexe Strukturen und Verhaltensweisen zu verändern, lassen wir dahingestellt. Ob das überhaupt gelingen kann, ebenfalls. Aber das Thema und die Unbekümmertheit sind ansteckend. Andere nehmen sich ein Beispiel. In anderen Städten entwickeln sich ähnliche Initiativen. So zum Beispiel in Münster.

Hier wurde im Herbst 2019 die Idee geboren, zu einer »Hauptstadt der Freundlichkeit« zu werden. So wie sich das kanadische Toronto oder Santa Cruz de Tenerife als Hauptstädte der Freundlichkeit verstehen. Von Schülern bis zum OB, vom Rapper Pi bis zum Personal von Krankenhäusern wurde die Idee aufgegriffen. Es gab ein eigenes »Manifest der Freundlichkeit« der Schüler von Münster und eine bunte, vielseitige Homepage. Dort heißt es: Die »Hauptstadt der Freundlichkeit« sei »so etwas wie ein Experiment mit den Bewohnern einer ganzen Stadt, um herauszufinden, wie sich das öffentliche Leben ändert, wenn sich Schüler und Lehrer, Studierende und Senioren, Arbeitnehmer und Arbeitgeber, Radfahrer und Autofahrer eine Woche lang gelassener verhalten und mehr aufeinander zugehen«.

Das blieb natürlich nicht ohne ironischen Kommentar. Ein Blogger schrieb: »Es gibt nicht einmal Nazis in Münster. Bei der Bundestagswahl 2017 hat die AfD in Münster so schwach abgeschnitten wie in keiner anderen Stadt. Und wenn sie sich doch mal in die Stadt wagt, wird sie mit voller Glückseligkeit wieder rausgepfiffen. So viel Einigkeit kann doch nicht normal sein.«

Es scheint mehr dahinterzustecken als eine nette Kampagne.
Eine der konkreten Initiativen der Hauptstadt der Freundlichkeit ist der Rufbus »LOOPmünster«. Der Nahverkehr auf Bestellung im Süden von Münster. Auch ein Experiment. Im Test seit Herbst 2020. Ein Fahrservice ohne Fahrplan und Linienwege. Gefahren wird unter anderem mit besonders konfigurierten London Cabs. Mit Panoramadach, Ledersitzen, barrierearm und kinderfreundlich. LOOPmünster ist fast ausschließlich mit Ökostrom unterwegs. Mehrere Ladestationen im Betriebsgebiet bieten außerdem Privatfahrrern von Elektrofahrzeugen Steckdosen und Energie.

Wenn Grünes auf Freundlichkeit trifft, können Innovationen entstehen, die künftig gebraucht werden. In größeren Städten wie in weniger besiedelten Gebieten. Grenzüberschreitend.

Keine Zeit verschwenden

»Wir können weiter Zeit verschwenden, indem wir uns gegenseitig beschuldigen«, sagt Macdonald Chirara, der als High-School-Student das Start-up Everlasting Technology in Simbabwe gründete. »Auch wenn ich nur einen kleinen CO_2-Fußabdruck habe, am Ende werden alle zukünftigen Generationen, wird die ganze Welt vom Klimawandel betroffen sein. Wenn wir hier in Afrika anfangen zu handeln, vielleicht motiviert das andere Menschen.« Viele Menschen in den ländlichen Gegenden, in kleinen Städten und abgelegenen Dörfern Simbabwes kochen mit Feuerholz. Um die zunehmende Waldrodung zu stoppen, hat Chirara eine kleine Heim-Biogasanlage entwickelt, die mit Biomüll Kochgas und Elektrizität erzeugt.

Manchmal hilft es, wenn die Freundlichen und die Hoffenden noch ein paar andere Fähigkeiten haben. Geduld und Zähigkeit zum Beispiel. Die innere Ruhe und Überzeugung, auch unter widrigsten Bedingungen Unfreundlichem nicht mit Unfreundlichem zu begegnen. Und einiges andere, worüber hier gesprochen wurde.

Zwiebeln und die Kraft der Freundlichkeit

Linda Thomas-Greenfield ist in Louisiana aufgewachsen. »Meine Eltern hatten wenig. Aber sie gaben mir alles, was sie hatten.« Ihre Mutter habe sie gelehrt, mit der Kraft der Freundlichkeit Barrieren zu überwinden. Sie kam 1994 nach Kigali, in die Hauptstadt Ugandas. Es war das Jahr des Völkermordes an den Angehörigen der Volksgruppe der Tutsi. Sie geriet in diese Kämpfe und wurde von einem Hutu-Kämpfer für eine Tutsi gehalten und mit dem Tod bedroht. Aber »ich nutzte die Kraft der Freundlichkeit und überlebte«. Sie hat in ihrem Leben die Menschen in aller Welt mit ihrer Kraft der Freundlichkeit und durch ihre Beharrlichkeit überzeugt. Oft indem sie diese bat, »mir dabei zu helfen, Zwiebeln zu schnippeln und Jumbo zu kochen«. Jumbo ist ein Eintopfgericht aus ihrer Heimat Louisiana. Seit dem 24. Februar 2021 ist sie Botschafterin der Vereinigten Staaten bei den Vereinten Nationen.

»Wenn Freundschaft deine schwächste Stelle ist, bist du die stärkste Person der Welt.«

Abraham Lincoln

Eine Legende: Wie das Buch Taoteking entstand

Es ist die Legende vom alten Laotse. Der sich mit wenig Habe auf den Weg macht. In einer schwierigen Zeit, »in der die Bosheit an Kräften wieder einmal zunahm«, wie es bei Brecht heißt, der diese Geschichte in Versform erzählt. Der Alte sitzt auf einem Ochsen, der von einem Jungen geführt wird. Am vierten Tag werden sie von einem Zöllner aufgehalten. Etwas zu verzollen? Nein, sagt der Junge. »Er hat gelehrt.« Was?, fragt der Zöllner. »Dass weiches Wasser auf Dauer den Stein besiegt. Und mit der Zeit das Harte unterliegt.« So die Antwort des Jungen. Dann machen sie sich wieder auf. Doch da läuft der Zöllner ihnen nach und ruft: Anhalten! Das interessiert mich, wer wen besiegt. Könne der Alte nicht seine Gedanken dem Jungen diktieren? Damit man sie lesen kann? Das sei eine Bitte! Während er sie ausspricht, sieht er mit einem Seitenblick den Aufzug des Alten: Eine Flickjoppe hat er an. Und keine richtigen Schuhe. So sieht kein Sieger aus. Und er murmelt: »Auch du?« Der Alte konnte eine freundliche Bitte nicht abschlagen. Brecht fährt fort: »Und von seinem Ochsen stieg der Weise / 7 Tage schrieben sie zu zweit / und der Zöllner brachte Essen (und er fluchte nur noch leise / mit den Schmugglern in der ganzen Zeit) / Und dann war's soweit. / Und dem Zöllner händigte der Knabe / eines Morgens 81 Sprüche ein.« Dann setzen sie ihren Weg fort. Es ist nicht überliefert, wohin die Reise geht.

Vierte Raststation:
Fange an!

Was könnte jetzt hier stehen?
Keine weiteren Fragen.
Wir werden einige haben.
Also ein leerer Raum?
Ja.

Verbunden mit Respekt und Dank.
Für alle, mit denen ich diese Geschichten teilen durfte. Und teilen werde.
Danke an das Medium Buch:
Irene Vallejo sagt, es sei selbst
ein »Überlebenskünstler«.

Vierte Raststation:
Wasserspeicher Freundlichkeit

Oder: Die wirklichen Querdenker.
Einige Zitate

◆ »Was brauchst du? einen Baum ein Haus zu / ermessen wie groß wie klein das Leben als Mensch.« Friederike Mayröcker

◆ »Lass endlich Licht ins Zimmer, zeig vor, was du in den Händen hast.« Karl Krolow

◆ »Lachen und Lächeln sind Tor und Pforte, durch die viel Gutes in den Menschen hineinhuschen kann.« Christian Morgenstern

◆ »Drei Dinge helfen, die Mühseligkeiten des Lebens zu ertragen. Die Hoffnung, der Schlaf und das Lachen.« Immanuel Kant

◆ »Es gibt Orte auf der Welt, an denen Regeln weniger wichtig sind als Freundlichkeit.« Carlo Rovelli

◆ »Das Allerweicheste auf Erden überholt das Allerhärteste auf Erden.« Laotse

◆ »Niemand ist nutzlos in dieser Welt, der einem anderen die Bürde leichter macht.« Charles Dickens

◆ »Wenn du mir nichts freundliches zu sagen hast, so antworte mir gar nicht […].« Goethe

◆ »We especially need imagination in science. It is not all mathematics, nor all logic, but is somewhat beauty and poetry.« Maria Mitchell

◆ »Ich denke, dass die Freundlichkeit und Hilfsbereitschaft gegenüber den Mitmenschen (und allgemein gegenüber den Mitgeschöpfen) der allein wesentliche moralische Inhalt der Religionen ist und zugleich die einzig mögliche Grundlage für ein befriedigendes Dasein vom sozialen Gesichtspunkt aus.« Albert Einstein

◆ »Haben Sie Luftschlösser gebaut?
Fein, das ist genau da, wo sie gebaut werden sollten.
Und nun gehen Sie an die Arbeit,
Und setzen Sie das Fundament darunter.«
Henry David Thoreau

Literaturhinweise

Bücher

Bason, Christian / Skibsted, Jens Martin: Expand: Stretching the Future By Design, Matt Holt Books, Dallas 2022

Benjamin, Walter: Denkbilder, Suhrkamp Verlag, Frankfurt am Main 1994

Bleß-Lieb, Beatrice / Lieb, Martin: Lebensmutig. Oder wie wir lernten, unsere Krisen als Geschenk anzunehmen, independently published, Hamburg 2021

Borbonus, René: Respekt! Wie Sie Ansehen bei Freund und Feind gewinnen, Econ Verlag, Berlin 2011

Bredekamp, Horst: Darwins Korallen. Frühe Evolutionsmodelle und die Tradition der Naturgeschichte, Verlag Klaus Wagenbach, Berlin 2006

Brook, Peter: Der leere Raum, Alexander Verlag, Berlin 1983

Brook, Peter: Das offene Geheimnis, Alexander Verlag, Berlin 2012

Burke, Peter: Die Geschichte des Hofmanns, Verlag Klaus Wagenbach, Berlin 1996

Castiglione, Baldassare: Der Hofmann. Lebensart in der Renaissance, Verlag Klaus Wagenbach, Berlin 1996

Carson, Rachel: Der stumme Frühling, C.H. Beck, München 2019

Clausewitz, Carl von: Vom Kriege, Nikol Verlag, Hamburg 2019

Covey, Stephen R.: Die 7 Wege zur Effektivität, GABAL Verlag, Offenbach 2021

Dylan, Bob: Die Philosophie des modernen Songs, C.H. Beck, München 2022

Einhorn, Stefan: Die Kunst, ein freundlicher Mensch zu sein, Hoffmann und Campe, Hamburg 2007

Emerson, Ralph Waldo: Repräsentanten der Menschheit, Diogenes, Zürich 1989

Enzensberger, Hans Magnus: 99 Lebenskünstler. Literarische Vignetten, Suhrkamp Verlag, Berlin 2018

Epiktet: Das Buch vom geglückten Leben, C.H. Beck, München 2005

Ferrucci, Piero: Nur die Freundlichen überleben, Ullstein, Berlin 2005

Frankl, Viktor E.: Trotzdem Ja zum Leben sagen. Ein Psychologe erlebt das Konzentrationslager, Kösel Verlag, München 2016

Franzen, Jonathan: Wann hören wir auf, uns etwas vorzumachen? Rowohlt Taschenbuch Verlag, Hamburg 2020

Grün, Anselm: Das Buch der Lebenskunst, Verlag Herder, Freiburg 2006

Hanusch, Frederic / Leggewie, Claus / Meyer, Erik: Planetar denken. Ein Einstieg, transcript Verlag, Bielefeld 2021

Heidenreich, Elke (Hg.): Ein Traum von Musik. 46 Liebeserklärungen, C. Bertelsmann Verlag, München 2010

Hesse, Hermann: Entdecke dich selbst, Insel Verlag, Berlin 2016

Hesse, Hermann: Magie der Farben, Insel Verlag, Berlin 2019

Hutter, Michael: Ernste Spiele, Wilhelm Fink Verlag, Paderborn 2015

Isaacson, Walter: Steve Jobs, Abacus, London 2015

Jamieson, Dale: Reason in a dark time, Oxford University Press, New York 2014

Kant, Immanuel: Begriff von der Philosophie überhaupt, in: Logik, Kants Werke AA IX, Walter de Gruyter & Co, Berlin 1968

Laotse: Tao te-king. Das Buch vom Sinn und Leben, C.H. Beck, München 2005

Lee, Kai-Fu / Chen, Qiufan: KI 2041. Zehn Zukunftsvisionen, Campus Verlag, Frankfurt am Main / New York 2021

Lotter, Wolf: Zusammenhänge. Wie wir lernen, die Welt wieder zu verstehen, Edition Körber, Hamburg 2020

Lukrez: Über die Natur der Dinge, Galiani Berlin, Berlin 2014

Mandelstam, Nadeschda: Erinnerungen an Anna Achmatowa, Bibliothek Suhrkamp, Berlin 2011

Modi, Ken: Ikigai: Die japanische Lebenskunst, DuMont Buchverlag, 2020

Montaigne, Michel de: Essays, Insel Verlag, Frankfurt am Main 1980

Münchhausen, Marco von: Konzentration. Wie wir lernen, wieder ganz bei der Sache zu sein, GABAL Verlag, Offenbach 2016

Mutius, Bernhard von: Die Verwandlung der Welt. Ein Dialog mit der Zukunft, Klett-Cotta, Stuttgart 2000

Mutius, Bernhard von (Hg.): Die andere Intelligenz. Wie wir morgen denken werden, Klett-Cotta, Stuttgart 2008

Mutius, Bernhard von: Die Schönheit der Einfachheit, Trapazzi Press, Potsdam 2014

Mutius, Bernhard von: Disruptive Thinking. Das Denken, das der Zukunft gewachsen ist, GABAL Verlag, Offenbach 2018

Mutius, Bernhard von: Disruptive Thinking. Work- & Playbook, GABAL Verlag, Offenbach 2019

Narbutovič, Katharina / Stemmler, Susanne (Hg.): Über Lebenskunst. Utopien nach der Krise, Suhrkamp Verlag, Berlin 2011

Oz, Amos: Die letzte Lektion. Ein Leitfaden für die Zukunft, Suhrkamp Verlag, Berlin 2020

Petek, Rainer: Das Nordwandprinzip. Wie Sie das Ungewisse managen, Linde Verlag, Wien 2012

Popova, Maria: Findungen, Diogenes Verlag, Zürich 2020

Pörksen, Bernhard / Schulz von Thun, Friedemann: Kommunikation als Lebenskunst, Carl-Auer-Systeme-Verlag, Heidelberg 2014

Rosenberg, Marshall B.: Gewaltfreie Kommunikation, Junfermann, Paderborn 2009

Saunders, George: Bei Regen in einem Teich schwimmen, Luchterhand, München 2022

Schmid, Wilhelm: Philosophie der Lebenskunst, Suhrkamp Verlag, Berlin 1998

Schreib, Herbert: Lasst euch nicht überrollen, Gorus Media GmbH, Konstanz 2021

Serres, Michel: Erfindet euch neu! Eine Liebeserklärung an die vernetzte Generation, Suhrkamp Verlag, Berlin 2013

Shakespeare, Willam: Werke, Diogenes Taschenbuch, Basel 1979

Spiegel, Peter / Pechstein, Arndt / Ternès von Hattburg, Anabel / Grüneberg, Annekathrin: Future Skills, Verlag Franz Vahlen, München 2021

Steiner, George: Ein langer Samstag, Kampa Verlag, Zürich 2018

Sternberg, Robert J.: Erfolgsintelligenz. Warum wir mehr brauchen als EQ+IQ, Lichtenberg, München 1998

Sternberg, Robert J. (Hg.): Why smart people can be so stupid, Yale University Press, New Haven 2002

Sternberg, Robert J. / Glück, Judith: Wisdom. The Psychology of Wise Thoughts, Words, and Deeds, Cambridge University Press, Cambridge 2021

Tokarczuk, Olga: Der liebevolle Erzähler. Vorlesung zur Verleihung des Nobelpreises der Literatur, Kampa, Zürich 2019

Vallejo, Ingrid: Papyrus. Die Geschichte der Welt in Büchern, Diogenes Verlag, Zürich 2022

Willemsen, Roger: Musik. Über ein Lebensgefühl, S. Fischer Verlag, Frankfurt am Main 2018

Zintl, Leonhard: Zukunft einfach machen, Haufe-Lexware, Freiburg 2020

Zumthor, Peter: Architektur denken, Birkhäuser, Basel 2010

Artikel, Blogs, weitere Quellen

Andrulis, Jonas, im Gespräch mit Armbruster, Alexander: Große Künstliche Intelligenz, FAZ, Frankfurt am Main, 16.5.2022

Arendt, Hannah: Krise der Erziehung, in: Zwischen Vergangenheit und Zukunft, Piper Taschenbuch, München 2012

Armbruster, Alexander: Google-Chef Pichai setzt auf riesige Künstliche Intelligenzen, FAZ, Frankfurt am Main, 27.5.2022

Arte Re: Die Oper in Lwiw trotzt dem Krieg | Arte 1.6.2022

Benrath, Bastian: Wie die Welt mit zwanzig aussieht, FAZ, Frankfurt am Main, 3.6.2022

Bernstein, Leonard: Young People's Concerts, Box-Set, New York Philharmonic, unitel-edition.de

Boche, Holger / Fitzek, Frank H.P.: Am Lagerfeuer der Zukunft, FAZ, Frankfurt am Main, 23.5.2022

Buchter, Heike / Nezik, Ann-Kathrin / Nienhaus, Lisa: Elon Musk sein, Die Zeit, Hamburg, 15.5.2022

Engelien, Marco: Ausflug ins Metaverse: Ist das jetzt die Zukunft?, Computer Bild, 10.2.2022

Flöer, Lars: 5 Thesen zu Machine Learning Operations. Blog Comma Soft, 11.2.2022

Freigang, Sirkka: Metaverse 4 Learning, Blog Dr. Sirkka Freigang, 28.3.2022

Funke, Cornelia, im Gespräch mit Jens Tönnesmann: »Ich rate zu den krummen Wegen«, Die Zeit, Hamburg, 4.8.2022

Goodall, Jane: Reichtum anders bewerten, Terra X – die Wissens-Kolumne, ZDF, 18.9.2022

Grieder, Daniel: »Wir haben keine Stoffe aus Xinjiang«, Interview in der FAZ, Frankfurt am Main, 13.6.2022

Jobs, Steve: https://archive.fortune.com/galleries/2008/fortune/0803/gallery.jobsqna.fortune/6.html

Lindern, Jakob von: Zukunftstechnologien. Dystopien mit Aussicht auf Wunderheilung, in: Die Zeit, 16.3.2022

Lindgren, Astrid: Dankesrede zur Verleihung des Friedenspreises des Deutschen Buchhandels, Paulskirche, Frankfurt am Main, 22.10.1978

Maak, Niklas, Wie wollen wir wohnen?, in: FAZ, 15.11.2021

Mau, Steffen: Die Spaltung ist ein Angstszenario. Gespräch in: Die Zeit, 22.9.2022

Meckel, Miriam / Steinacker, Léa: Tag 2 der #SXSW Live Stream zum Metaverse, https://www.linkedin.com/posts/ada-community_stream-team-tag-2-auf-der-sxsw-2022-activity-6908581500133220352-hTpP/, 12.3.2022

Moldenhauer, Bernd: Vorbemerkungen zu Texten über Humanität, Zivilisierung, Aufklärung, unveröff. Ms., Bremen 2022

Mutius, Bernhard von / Kretschmer, Winfried: Habe Mut. Flugschrift: eine neue Aufklärung, Change X, Erding 2021

Mutius, Bernhard von: Die Schönheit der Einfachheit, Trapazzi Press, Potsdam 2014

New European Bauhaus: https://new-european-bauhaus.europa.eu/index_en

Prüfer, Tillmann: Wie dumm kann man sein?, ZEITmagazin, 4.8.2022

Reiners, Till: Till Reiners Bescheidenheit XS live | 3sat, YouTube 2021

Schellnhuber, Hans Joachim / Westfalen, David von: Das Klima, das Wohnen und das Holz. Die Vision vom Bauhaus der Erde, SWR 2 Feature, 30.9.2021

Sobek, Werner: 17 Thesen zur Nachhaltigkeit, Zumtobel Group, https://www.wernersobek.com/de/themen/17_thesen/

Specht, Frank: Der »Big Quit« auf dem deutschen Arbeitsmarkt, Handelsblatt online, 16.6.2022

Thadden, Elisabeth von: Knapp und gut, in: Die Zeit, 28.7.2022

Webb, Amy: Featured Session. Amy Webb Launches 2022 Emerging Tech Trend Report, Austin, 13.3.2022

Webb, Amy: The Signals Are Talking. Why Today's Fringe Is Tomorrow's Mainstream, https://www.goodreads.com/book/show/29502380-the-signals-are-talking

Weidermann, Volker: Gegen den Salzwind. Elisabeth Mann Borgese, Die Zeit, Hamburg, 22.5.2022

Westhoff, Andrea: Anwältin der Meere. Über Elisabeth Mann Borgese, Deutschlandfunk, 24.4.2018

Wildemann, Horst: Resilienz wird zur Kernkompetenz, FAZ, Frankfurt am Main, 16.5.2022

Willemsen, Roger: Willemsen legt auf. Box-Set, Deutsche Grammophon, Berlin 2017

Über den Autor

Dr. Bernhard von Mutius ist Sozialwissenschaftler und Philosoph. Sein bei GABAL erschienenes Buch *Disruptive Thinking* gehört zu den Standardwerken. Der Autor mehrerer Publikationen zu neuem, vernetztem Denken in Wirtschaft und Gesellschaft hat viele Tausende Menschen in Vorträgen, Workshops und Akademien weitergebildet und wurde 2018 als »Trainer des Jahres« ausgezeichnet. Er ist Mitglied im Teaching Team der HPI School of Design Thinking in Potsdam, Gründungsmitglied des »New Club of Paris«, Beirat der »Club of Rome«-Schulen, Mitbegründer von »Unternehmen: Partner der Jugend« (UPJ) und Vorsitzender des »Bergweg-Forums Denken der Zukunft«. Er begleitet Menschen und Organisationen in der Veränderung.

www.vonmutius.de

Register